宇津ノ谷峠の地蔵伝説

—日光から来た素麺地蔵—

木村文輝

静新新書
015

はじめに

古来、日本人は実に数多くの神仏を尊崇してきた。その中でも、地蔵菩薩ほど人々の生活に溶け込み、人々の思いを反映してきた存在はないだろう。

しかも、そうした地蔵の多くは、寺院の本堂に安置された立派な尊像とは限らない。むしろ、寺院の山門の脇に立ち並ぶ六地蔵であったり、幼い子供や水子の供養のために祀られた地蔵であったり、あるいは、交通事故の現場に置かれた地蔵であったりする。また、町外れの道端や、四つ辻の傍ら、あるいは峠の頂などにひっそりと地蔵が祀られていることも少なくない。のみならず、そうした個々の地蔵には、それらが祀られた縁起とともに、様々な御利益が語り伝えられている例も多い。その場合、その縁起や御利益にちなんだ延命地蔵とか、日限地蔵、身代地蔵、子安地蔵等という名前で人々に親しまれている。その意味で、地蔵は今も私達とともに生き続け、私達を見守り続けている存在である。

現在、静岡市駿河区宇津ノ谷の慶龍寺に祀られている宇津ノ谷峠の地蔵も、そうした地蔵の一つである。しかも、この地蔵はもともと「野州宇津《都》の宮の山奥」のものであり、かの地で大量の素麵を食べ尽くしたという伝説の持ち主である。その地蔵が宇津ノ谷峠にやって来て、この地で食人鬼を退治した。それ以来、宇津ノ谷峠に祀られているというのである。このまったく異なる二つの伝説が、宇津ノ谷峠の地蔵縁起の中では見事に結び付いている。

この地蔵の伝説は、これまでにもいろいろな場所で紹介されており、一般にも広く知られている。だが、それにしても、なぜ宇津ノ谷峠の地蔵伝説に「野州宇津《(都)》の宮の山奥」が出てくるのだろうか。そんな素朴な疑問から、宇津ノ谷峠の地蔵をめぐる私の謎解きは始まった。

本書では、第一章で宇津ノ谷峠のもつ民俗的、宗教的な意味付けを探るとともに、本書で取り上げる地蔵を簡単に紹介し、あわせて宇津ノ谷峠の地蔵縁起の全文を掲載する。第二章では、この地蔵の故郷とされている「野州宇津《(都)》の宮の山奥」での伝承を検証しよう。その試みを通して、私達はこの地蔵伝説が、日光山の強飯《ごうはん》式という伝統的な儀式との関わりをもっていることを知らされることになる。第三章では、いよいよ宇津ノ谷峠の地蔵縁起の分析を行うことにしたい。それによって、この地蔵縁起に含まれている二つの伝説が、違和感なく結び付いている理由が明らかになるはずである。そして、第四章では、宇津ノ谷峠の地蔵にまつわる他の伝承をも参照しながら、宇津ノ谷峠の地蔵縁起のもつ意味と、この地蔵に込められた人々の思いを考えてみることにしたい。

なお、本書における原資料からの引用は、原則として下記の方法による。①漢文は書き下し文に改める。②適宜、句読点や括弧を補う。③旧字体や異体字は現行の書体に改める。④振り仮名は必要に応じて付加、もしくは省略する。⑤必要に応じて濁点を付す。⑥副詞や接続詞等は適宜漢字をひらがなに改める。⑦［　］内は引用者による加筆、（　）内は引用者による注記である。また、翻刻活字本からの引用は、右記の①③④⑦の方法に従う。これらの点を予めご了解願いたい。

目次

第一章　宇津ノ谷峠の二体の地蔵

一、駿河国宇津ノ谷峠

駿河国宇津ノ谷峠は、駿府（現在の静岡市葵区）の町から東海道を西へ約一〇キロ、丸子宿と岡部宿との間に位置し、かつての有度郡と益津郡との境、現在の静岡市とその西側の志太郡岡部町との境をなしている。東海道の官道は、奈良時代頃まではこの峠の東側に位置し、駿河湾に程近い日本坂を経由していたと言われている。宇津ノ谷峠が日本坂に代わって官道に組み込まれたのは平安時代以降のことであり、その後今日の国道一号に至るまで、この峠が東海道の一部をなしてきた(1)。

ただし、往時の峠越えには二つの道が存在した。すなわち、峠の南側を通る室町時代頃までの「蔦の細道」と、鎌倉時代に開かれて、江戸時代に街道に組み入れられた北側の「旧東海道」である。しかし、蔦の細道は江戸時代の中頃には完全な廃道になった。このことは、

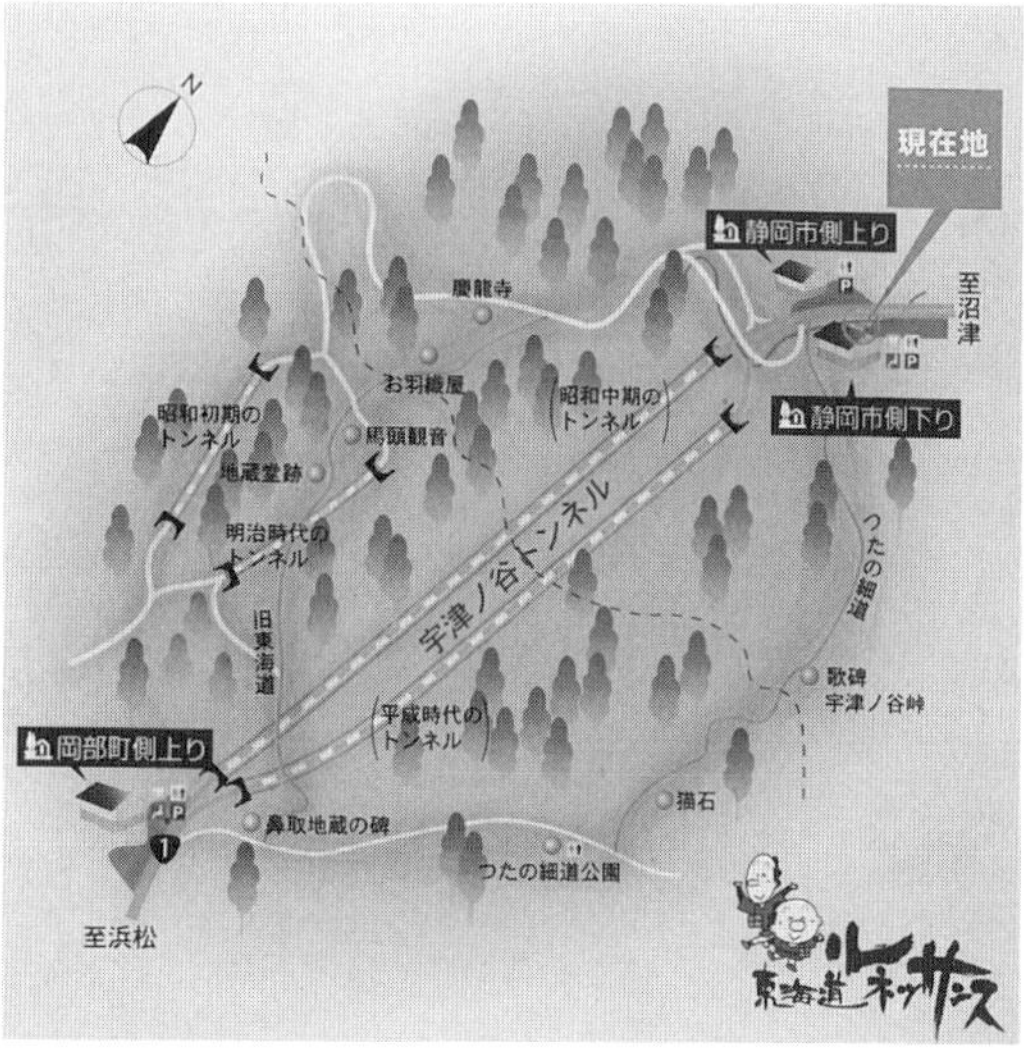

宇津ノ谷峠見取り図（国道１号道の駅「宇津ノ谷」の案内板より）。図中左下の「鼻取地蔵の碑」の場所に「坂下地蔵堂」がある

寛政九年（一七九七）に秋里籬島が著した『東海道名所図会』の記述等からも窺われる。[2] さらに、明治時代に峠の下にトンネルが掘削されると、旧東海道も使用されなくなった。そして、この二つの道は昭和四〇年代に郷土史家の春田鐵雄氏らによって再発見されるまで、完全に幻の存在となったのである。

現在、宇津ノ谷峠には片側二車線からなる約八五〇メートルのトンネルが貫通し、自動車ならば一分程で通り抜けることができる。しかし、標高約二〇〇メートル、行程にしておよそ二キロの峠道が、かつては東海道の難所として街道を往来する旅人達を悩ませてきた。『吾妻鏡』によれば、承元四年（一二一〇）に源実朝の「御台所御方女房丹後局」がこの峠で山賊に出会い、財宝や装束を略奪される事件が起きている。(3) また史実ではないけれども、安政三年（一八五六）に初演された河竹黙阿弥原作の歌舞伎「蔦紅葉宇都谷《つたもみじうつのや》峠《とうげ》」では、この峠が陰惨な「文弥殺し」の舞台として描かれている。盲目の按摩の文弥が、鞠子（丸子）の宿で出会った十兵衛に助けられながら宇津ノ谷峠を登っていく。その途中で、自分が持っている百両のことを話したがために、百両の工面ができずに困っていた十兵衛に殺されて、その百両を奪われるという話である。

京三界《さんがい》まで駆け歩き、出来ない金を持ったのが、こなたの因果とあきらめて、殺す所も宇津谷峠、しがらむ蔦の細道で、血汐の紅葉血の涙、この引明《ひきあ》け（明け方）が命の終わり、許して下され文弥殿。(4)

十兵衛が文弥を殺す際のこの口上が、蔦草のからまる宇津ノ谷峠のイメージを物語っていると言えるだろう。そして、そのようなイメージが、人々の意識の中に不安な峠道の印象を植え付けていたのであろう。同時に、小さな峠道とは言え、旅人達にとっては、この峠越えが常に追剝や強盗の恐怖と背中合わせの道であったことが窺われる。

ところが、その一方で、宇津ノ谷峠は文学の世界で広く知られた場所でもあった。そのきっかけになったのが『伊勢物語』である。物語の中で常に「おとこ」として登場する主人公は、都を追われて東国へ下る途中の若き公達で、古くから在原業平がモデルとされてきた。その主人公が宇津ノ谷峠で偶然にも知人の修行僧と遭遇し、都の知人への手紙をことづけるのである。物語はその場面を次のように描いている。(5)

行き〳〵て、駿河の国にいたりぬ。宇津の山にいたりて、わが入らむとする道はいと暗う細きに、つたかえでは茂り、物心ぼそく、すゞろなるめを見ることと思ふに、修行者あひたり。「かゝる道はいかでかいまする」といふを見れば、見し人なりけり。京に、その人の御もとにとて、文書きてつく。

駿河なる宇津の山べのうつゝにも　夢にも人にあはぬなりけり

『伊勢物語』で取り上げられて以後、宇津ノ谷峠は様々な紀行文学に登場し、歌枕としても有名になった。そうした作品の中で、宇津ノ谷峠は多くの場合、『伊勢物語』の故事にならって人と出会う場所、文をことづける場所、あるいは夢と現実のはざまの場所として描かれてきた。文学作品に描かれたこの耽美な情景と、追剝強盗や凄惨な殺人を想起させる陰鬱な峠道の印象との懸隔は極めて大きい。しかし、この二つの性格を共存させているところに、宇津ノ谷峠の特徴がある。

その意味を考える際に、注目すべき点が「宇津ノ谷」という地名である。折口信夫や国文学者達の研究を通して、「宇津（ウツ）」は「空（ウツ）」に通じ、中が空洞、空っぽの状態を表わす言葉だと解釈されている。また、それは「魂の籠もる場所」を示すとともに、そこに籠もることによって心身を浄化させ、生命力の復活をもたらす場所を意味していたであろうことが野本寛一氏によって指摘されている。

その上で、野本氏は宇津ノ谷峠が「魂の籠もる場所」であったことの明確な根拠を示すことはできないとしながらも、その裏付けとなるであろう三つの点を次のように指摘している。すなわち、「①宇津ノ谷の地形は、現在の静岡市西方約五キロにわたって細く深く入り込んだ谷であり、文字通り「ウツ」の状態を示していること、②宇津ノ谷は古代有度、安倍平野の西方にあたり、祖霊が西方にあるとする信仰や山中他界観の信仰と一致すること、③宇津ノ谷には峠があり、峠は境であることから、特に他界との境の意識を重層的に観じさせる地であったと考えられることなど」である。(6)そして、野本氏が三番目に指摘しているように、我が国では古来、峠は二つの土地の境であるとともに、あの世とこの世の境として意識されてきた。つまり、「宇津ノ谷峠」は文字通り、この世の魂があの世に移り、そこで一時的な籠もりを経験することで再びこの世に蘇ってくるための、生まれ清まりの場所とみなされていたのである。

それだからこそ、宇津ノ谷峠はあの世に連なる夢の世界と現実の世界との境であり、それ故に、遠く離れた人の魂を呼ばい、心の交流を果たす場所となり得たのである。同時に、そこはこの世の人をあの世へ送る殺生という行為や、この世の様々な財宝を奪い去るという出来事が起こり得る場所だとみなされても不思議ではなかった。のみならず、都落ちした若き公達にとっても、この峠を通過することは、その罪過を清め、新たな復活を遂げるために不可欠の舞台設定だったのである。

二、二体の地蔵尊

猫石

宇津ノ谷峠の東西の麓には、それぞれ一体ずつの地蔵が祀られている。いずれの地蔵も「延命地蔵」と呼ばれているが、それらが本来別々の存在であったのか、それとも同一の地蔵であったのかは定かでない。また、どちらも正確にいつ頃から祀られているのかはわからない。ただし、万治三年（一六六〇）頃に著された『東海道名所記』には、「峠に地蔵堂あり。又、下り坂口にも、地蔵あり」[7]と記されており、当時、既に二体の地蔵が存在していたことは確かである。

これらの地蔵の起源について、先にその所説を参照した野本寛一氏は、蔦の細道の途中、峠の鞍部から西へ百メートル程下ったところにある直径約二メートル、高さ約一・

五メートルの通称「猫石」が古代の境神の磐座《いわくら》であり、その境神が後に地蔵と習合したのではないかと推測している。その根拠として、同氏は古来、境神が石の形で認識されたり、石が境神の磐座《いわくら》と信じられたりしていたことを指摘するとともに、『東海道名所図会』における蔦の細道の記事の中から次の一節を挙げている。(8)

路峨《さか》しく、杖をちからに行くに、少したいらなる所あり。こゝを神社平《じんじゃだいら》という。むかし社ありし古跡なりと教ゆ。按《あん》ずるに、『駿河風土記』に、「宇津谷本原神社は、仁徳天皇紀七年乙卯祭る所なり」云々。もしこの神社の古跡ならんか。古歌に、

　おとにきくうつの社の現《うつつ》にも　夢［にも］見えぬ人の恋しさ　前大納言為家

その上の方に猫石というあり。古松六七株の陰に、猫の臥したる形に似たる巨巌あり。

その上で、野本氏は「猫石の後方には大小の岩石が突出しており、この区域全体が神聖な場として崇められ、その中心たる猫石に手向けが行なわれていたのではあるまいか、猫石とその背後の石群、神社平という名称からして、この位置が古代峠信仰の重要な地点とされていたことはほぼまちがいなかろう」と述べているのである。(9)

このような境神に対する信仰は、後に道祖神や地蔵に対する信仰に取って代わられた。今日でも国境や村境、あるいはその地理的な境界をなしている峠等に、道祖神や地蔵が祀られている事例は全国各地に存在する。静岡市の周辺でも、例えば葵区横田町の地蔵や駿河区丸子佐渡の地蔵は、それぞれ駿府宿の東端や丸子宿の東端を護る存在であり、清水区薩埵峠の地蔵は峠を守護する存在であった。

かつてこのことを指摘した柳田國男氏は、道祖神とは本来「境を護る神」であり、外敵の侵入を防ぐ「塞障《さえ》」の神として、「人間が防御するにしても好都合な、通路の一地點を擇ん」で祀られたと論じている。(10)さらに柳田氏は、地蔵は地獄の入り口とされる賽の河原で幽明二界の境を護る存在であり、同時に、「生命を司り更に又幽界を支配」する閻魔大王と同一視されていた。そのために、境界防護の役割を担うことになり、やがて道祖神と習合して峠等にも祀られるようになったと推測している。(11)そうだとすれば、この世における境界とともに、この世とあの世の境界としての意味をあわせもつ宇津ノ谷峠においても、地蔵が「境を護る神」として祀られたことは十分に考えられるのである。

三、宇津ノ谷峠の西の地蔵（坂下地蔵堂）

宇津ノ谷峠の西側の地蔵は、蔦の細道と旧東海道の岡部側の分岐点に位置する坂下地蔵堂に祀られており、古くから地蔵堂の前に住む那須野家が別当として管理してきた。元禄十五年（一七〇二）に新鋳された地蔵堂の梵鐘には、曹洞宗の学僧である卍山道白の撰による銘文が刻まれており、その中には「聖徳太子手刻之地蔵菩薩霊像」という伝承と、その前年に岡部宿在住の伊藤七郎右衛門、平井喜兵衛、中野甚右衛門の三人が施主となって尊像を修理し、地蔵堂を再建したことが記されていたという。残念ながら、この梵鐘は戦時中に供出されて現存しない。銘文の記録が『岡部町誌』に残されているのみである。(12)

現在の地蔵堂はこの時、すなわち元禄十五年（一七〇二）の少し前に建立されたものである。正面には卍山道白の筆による「願王堂」の扁額が掲げられており、その両脇には次のような三枚のご詠歌の額が掛けられている。

宇津の谷乃うつつのゆめのさめよとて　つたのほそみちあらしふくらむ

（駿河国山西二十四地蔵霊場二十四番札所）
駒にむち宇津のやまこしいそぐとも　おりておがまぬ人はあらまし
（駿河一国百地蔵尊十六番札所）
いにしえも今もかわらん地蔵尊　かわりやすきは人の身のうえ

坂下地蔵堂

地蔵堂の中に入ると、正面の欄干には昭和時代の書家、沖六鵬氏による「能化」の扁額が掲げられており、その周りには奉納された絵馬や信徒の古い写真等が飾られている。そして、内陣の右側の小部屋には、台座に半跏の姿勢で坐る高さ一六〇センチ程の地蔵が安置されている。しかし、この黒くすすけた「クロ地蔵」は本尊ではない。地元の人々によれば、「クロ」という

坂下地蔵堂の延命地蔵
（平成15年 8 月23日撮影）

語は「隅」を意味する方言である。

本尊の延命地蔵は内陣中央の正面に安置された厨子に納められており、その横には脇侍の掌善童子と掌悪童子が安置されている。尊像は台座を含めて高さ約一三〇センチ。左手に宝珠、右手に錫杖をもつ木製立像である。しかしながら、この地蔵は二〇年毎に開帳される秘仏であり、前回は平成十五年（二〇〇三）が開帳の年であった。地蔵堂の内壁には明和六年（一七六九）と文政十一年（一八二八）、明治三六年（一九〇三）にそれぞれ開帳されたことが墨書されている。また、昭和三八年（一九六三）の開帳の際に尊像の修理が行われたため、尊像の肌の白色と、金襴の袈裟の彩色は実に鮮やかである。

一方、地蔵堂の西側に広がる境内には、昭和四五年（一九七〇）に再建された鐘楼があり、昭和三八年（一九六三）に再鋳された梵鐘が懸けられている。また、鐘楼の奥には六地蔵とともに、江戸時代の年号が刻まれた地蔵や観音等の石仏を祀る小屋がある。さらに、その裏側にはちぐはぐな形で積み重ねられた古い五輪塔や宝篋印塔等が散在している。この一角は「賽の河原」と呼ばれており、おそらくは江戸時代に、この辺りで行き倒れた旅人達が葬られた場所であったのだろう。

　この賽の河原の東側、かつての旧東海道の登り口には、蔦の細道を顕彰する「蘿径記《らけいき》」が建てられている。文政十三年（一八三〇）、著名な儒学者でもあった駿府代官の羽倉簡堂（外記）が撰文を草し、「江戸三筆」の一人に数えられた市川米庵が揮毫した堂々たる石碑である。そして、そこから少し山道を登って行くと、地蔵堂のすぐ上の所に小さなお堂が建っており、通称「白観音」と呼ばれる石造りの観音が安置されている。高さ一二〇センチ程のこの観音像も、いつからここに祀られているのかは定かでない。

　ところで、地蔵堂の境内の西端、鐘楼の南側には二〇段程の階段があり、その両脇に二基の灯籠が建っている。鐘楼側のそれは地蔵堂を再建した三人が元禄十四年（一七〇一）一〇月に奉納したものであり、反対側の灯籠には寛文十一年（一六七一）八月と刻まれている。おそらく、この灯籠こそが、坂下地蔵堂の由緒を物語る最も古い遺品である。[13]

四、宇津ノ谷峠の東の地蔵（慶龍寺）

一方、宇津ノ谷峠の東側の地蔵は、現在、宇津ノ谷の集落の中程にある曹洞宗宇津山慶龍寺に祀られている。寺伝によれば、同寺は天正六年（一五七八）、静岡市駿河区丸子泉ケ谷の曹洞宗天桂山歓昌院四世光岩宗旭和尚によって開かれた。古記録には「渓流寺」とも記されているこの寺は、丸子川に面して建っており、朱塗りの龍門橋を渡ったところに位置している。

境内に入ると、すぐ左側に天保七年（一八三六）に建てられた「三界万霊塔」があり、右側には森川許六が元禄五年（一六九二）に詠んだ「十団子も小粒になりぬ秋の風」という俳句の句碑が置かれている。また、本堂の左側には第二次世界大戦の戦死者を供養する忠霊塔とともに、水子地蔵や六地蔵等が並んでいる。そして、その奥には「賽の河原」と呼ばれるお堂があり、中には古い地蔵や石塔等が祀られている。

慶龍寺の本尊は十一面観音である。しかし、この本尊仏は本堂の正面にある須弥壇の右側に祀られており、須弥壇の中央には飛騨甚五郎の作と伝えられる厨子が安置されている。そして、厨子の前には高さ一一〇センチ程の木製の地蔵立像と、脇侍の掌善童子と掌悪童子が祀られている。さらに、この地蔵の前には、かつての神仏習合の時代の名残である神鏡が置かれている。

宇津山慶龍寺

けれども、この地蔵は通称「おまえたてさん」と呼ばれるもので、宇津ノ谷峠の東を護る地蔵の本体ではない。慶龍寺の延命地蔵は「おまえたてさん」の後ろに置かれた厨子に納められており、高さ八〇センチ程の石造の坐像である。弘法大師の作と伝えられており、両手を組んで宝珠を捧げ持つ姿をしている。

ただし、この地蔵も現在では二十一年毎の本開帳と、十一年毎の中開帳の時にだけ姿を現す秘仏である。前回の本開帳は平成七年（一九九五）、中開帳は平成十七年（二〇〇五）に行われた。もっとも、江戸時代の開帳はかなり不定期だったようである。静岡県立中央図書館所蔵の小西家旧蔵文書によれば、十八世紀の前半に、この地蔵の開帳は

慶龍寺の「おまえたてさん」

正徳二年（一七一二）、享保五年（一七二〇）、同十三年（一七二八）、同二〇年（一七三五）、元文元年（一七三六）、延享元年（一七四四）、同三年（一七四六）、宝暦一〇年（一七六〇）にそれぞれ行われたとのことである。[14]

本堂の中にはこの地蔵に奉納された絵馬が掛けられており、正面の軒下にはご詠歌を刻んだ二枚の額が掲げられている。この二枚の額は、それぞれ駿河国山西二十四地蔵霊場十一番札所と駿河一国百地蔵尊十五番札所のものであり、仮名遣いこそ違うものの、内容は同じ次のようなものである。

極楽の道をとうげのつたのみち　わけて尊き御《み》堂なりけり

ところで、慶龍寺の延命地蔵は初めから同寺に祀られていたわけではない。かつては旧東海道の峠から二〇メートル程東側に下った所の地蔵堂に安置されており、この地蔵は「峠の地蔵」と呼ばれていた。先に述べた歌舞伎「蔦紅葉宇都谷峠《つたもみじうつのやとうげ》」の中で、「文弥殺し」の舞台になったのがこの地蔵堂である。

元禄十六年（一七〇三）、御目附代として駿府を訪れた三嶋清左衛門は、『駿府巡検帳』にこの地蔵堂に関する次のような記録を残している(15)。

慶龍寺の延命地蔵
（平成17年８月23日撮影）

宇津谷峠マテ十町裡《ばかり》登リ峠ニ地蔵堂有。三間四面。萱葺。一地蔵、石仏座像二尺裡、弘法大師ノ作。当処ノ地蔵古《いにしえ》ヨリ宇津谷ノ百姓彦五郎ト云者支配する由。去比（日）ヨリ当月十四日開帳アリ。右ノ地蔵堂ノ来歴尋ルト云ヘトモ更不詳。堂者《は》往古飛騨ノ内匠《たくみ》カ建ル由。

『東海道図屏風』（静岡市蔵）に描かれた宇津ノ谷峠
（写真提供　静岡市）

大破セルカ故、当年再興スルノ由。峠より二町裡、岡部ノ方へ下リ、夫《それ》ヨリ右ノ道へ皈《かえ》リ宇津谷へ出ル。

平成十二年（二〇〇〇）に行われた発掘調査では、この地蔵堂の跡地から二メートル四方と五メートル四方という二つの建物跡が発見された。前者が大破する前の地蔵堂の跡であり、後者が元禄十六年（一七〇三）に再建された地蔵堂の跡であろう。再建に際して、谷側に石垣を築き、平地の面積を広げたと思われる[16]。十七世紀の作と推定される静岡市所蔵の「東海道図屏風」には、おそらく大破する前の地蔵堂に参詣する男の姿が描かれている。一方、文化三年（一八〇六）に完成した「東海道分間延絵図」には、石垣のある新しい地蔵堂が描かれている。[17] さらに、明治時代に地蔵堂を描いたとされる絵馬が、現在も慶龍寺に残されている。

絵馬（慶龍寺蔵）に描かれた地蔵堂

また、『駿府巡検帳』の記録によれば、当時、地蔵堂は彦五郎という者が管理していたことが窺われる。文政元年（一八一八）に完成した桑原藤泰の『駿河記』にも、宇津ノ谷の集落に堂守屋敷という場所があり、そこに住んでいた彦四郎《（ママ）》がかつては地蔵堂を管理していたのだろうという推測が記されている。ただし、『駿河記』によれば、十九世紀の初頭には慶龍寺が地蔵堂を管理していたようである。[18]

さらに、桑原藤泰は『有渡郡紀行』という他の著書において、先に引用した『東海道名所図絵』に記されていた宇津谷本原神社が、元来はこの地蔵堂の場所にあったのであり、その神社に本地仏（神の姿は仮のもので、本当は仏であるという考え方）としての地蔵が合祀されたため、後に地蔵のみが残ったのであろうとも述べている。[19]

峠の地蔵堂跡

けれども、明治九年（一八七六）に宇津ノ谷峠にトンネルが開通して旧東海道が使われなくなると、峠の上では参詣に不便だという理由で、地蔵は宇津ノ谷の集落に下ろされることになった。ところが、石の地蔵は重くてなかなか持ち上がらない。明治四四年（一九一一）七月、地蔵が少し動いたというので地蔵堂とともに麓の慶龍寺に下ろしたところ、翌年大規模な山崩れが起こり、地蔵堂のあった場所は土砂で埋まってしまった。地元の人々は、地蔵がそのことを予測して麓に運ばせたのだと噂しあったと伝えられている[20]。なお、この時に峠から下ろした地蔵堂が現在の慶龍寺の本堂の内陣部分に用いられている。須弥壇の前の丸柱には、地蔵堂の頃に格子戸を差し込むために用いられていたほぞ穴の跡が今も残っており、須弥壇上には高さ二メートル程の移築当時の棟札が保管されている。さらに、慶龍寺の賽の河原の石仏や、現在は明治時代のトンネルの近くに置かれている万延元年（一八六〇）の秋葉灯籠も、この時に峠の上から移したものだということである。

五、慶龍寺の地蔵縁起

宇津ノ谷峠の西と東を護る二体の地蔵、すなわち、坂下地蔵堂の延命地蔵と慶龍寺の延命地蔵には、いくつかの伝説が語り継がれている。そうした中で、最も有名な伝説であるとともに、宇津ノ谷峠のもつ民俗的、宗教的な意味を示唆する最も重要な伝説は、おそらく慶龍寺の地蔵にまつわる「素麺地蔵」と食人鬼退治の伝説であろう。

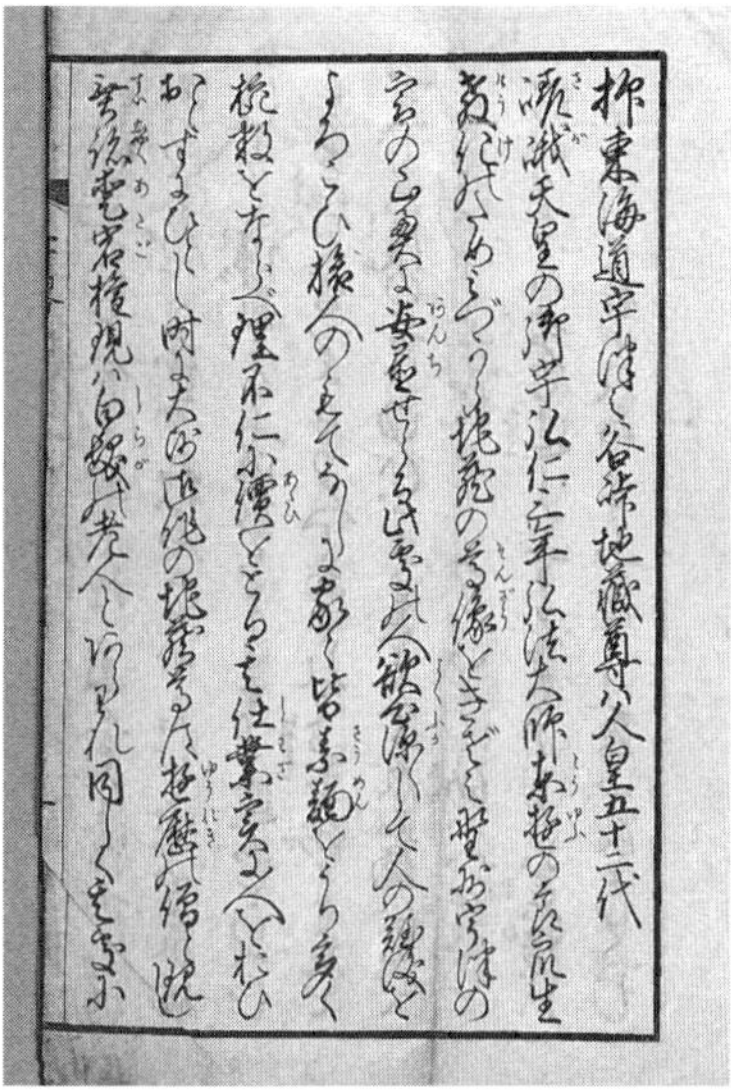

「東海道宇津之谷峠地蔵大菩薩畧縁起」（部分、静岡県立中央図書館蔵）

この伝説を記した古い版本が静岡県立中央図書館に保管されてい

る。表紙に「東海道宇津之谷峠地蔵大菩薩畧縁起　別當慶竜禅寺」（以下「略縁起」と略す）と記された四丁八頁からなる冊子で、江戸時代のものだと推定されるが、正確な年代は不明である。現在、慶龍寺で配付している「地蔵尊略縁起」はこの「略縁起」にもとづくものであるが、漢字や仮名遣いのほか、文章にも部分的な修正が加えられている。ここでは、静岡県立中央図書館所蔵の「略縁起」の全文を、便宜的に五つの部分に区分しながら翻刻することにしよう。(21) その上で、次章以下ではこの「略縁起」に示された伝説の意味を探るとともに、宇津ノ谷峠における地蔵信仰の特徴を考察することにしたい。

〈野州素麵谷の地蔵伝説〉

（一頁）抑《そもそも》東海道宇津之谷峠地蔵尊ハ、人皇五十二代嵯峨天皇の御宇、弘仁三年（八一二）、弘法大師東遊の節、衆生教化のため、みづから地蔵の尊像をきざみ、野州宇津の宮の山奥に安置せらる。此処の人、欲心深くして、人の難儀をよろこび、旅人のもてなしに、家々皆、素麵をうり、多く椀数をならべ、理不仁(尽)に價《あたい》をとる。其仕業、実に人をおひおとすにひとし。時に、大師御作の地蔵尊は遊歴の僧と現し、垂跡《すいじゃく》愛宕権現ハ白髪の老人とあらわれ、同しく其処に（二頁）ゆひて、素麵を食す。出すに随て、両人是を喰ふ。いかほど出しても飽たる体なく、猶しきりにこれを喰ふ。其家麵つきて、隣家にもらふ。隣家もまた尽く。近所をあつむ。其辺、貯《たくわえ》も皆つきたり。人々あきれて過《あやまち》を謝し、其故を問へば、只後の谷をゆびざす。是を見れば、素麵流れてたきのごとし。なをいましめていわく、「汝等、人の難儀を悦ぶ事なかれ。欲心を逞しうする事なかれ。只、慈悲を専らにして善にはしたがふべし。悪にはそむくべし。（三頁）善悪ともに汝より出るものハ、汝にかへる。今、我等にあたへし素麵も、悉く汝にかへす」といつて、本体を現じ、けすが如くにさり玉ふ。今、其処を名づけて素麵谷といふ。

〈食人鬼の出現〉

其頃、当所宇津の谷の北に幽谷あり。渓水ながる。其下に寺あり。梅林院といふ。其寺の住僧、難病をうけ、苦痛たえがたし。膿血を吸ひ出せバ暫く其苦痛を忘る。故に、時々小僧に命じて是を吸しむ。朱にまじハればあかくなるの諺、おそるべし。其小僧、自然と人の肉の味ひを覚へて、終に人を喰ふの鬼となり、（四頁）此山をすみかとなし、往来の旅人を捕へて是を喰ふ。故を以て、人跡をのづからたえ、通路已にふさがる。是、天安年中（八五七―八五九）の事なり。今、其処ハ旧趾のみあつて、寺は桂島村の山奥、谷川のほとりにあり。梅林禅院といふ。

〈食人鬼の退治〉

こゝに、貞観年中（八五九―八七七）、在原業平卿、東国下向の勅を蒙り、此処へ向ひ玉ふに、通路たゆる事、年久し。故に、みづからおひしげれる蔦蘿《つた》をわけて下り玉ふ。今、津たの細路とて、木こり、草かり抔《など》のゆきかよふかすかなる道あり。此卿、御下向の時、野州素麺（五頁）谷の地蔵尊に祈願し玉ふハ、「今、駿州宇津の谷の山路に鬼神有て、人民をなやまし、通路已にたえたり。願くハ菩薩の願力を以、彼地に遊行し、悪魔を降伏し玉ハゞ、只、人民を救ふのみならず、天下の幸ひならん」と。深く祈願し玉へば、菩薩忽ち遊歴の僧となつてこの地へ出現し玉ふ。彼鬼神ハ柔和の姿と化していづ。僧とふていわく、「汝ハ何者なるぞ。」彼答て云く、「我を祥白《しょうはく》童子といふ。汝ハ何者にして、いずれの処より来る。」僧の云く、「汝を化度せんがため、（六頁）はる〴〵此地にむかふ。汝、速《すみやか》に本体をあらわせ。」彼、忽ち二丈餘りのおそろしき姿となる。僧の云く、「汝、通力自在にして、よくもろ〱の形をあらわす。若《もし》、よく極小の形をあらはし、我掌の上にのらんや。」彼、即一小丸となりて、僧の掌にあり。杖を以てこれをうてば、砕て十粒となる。猶、咒願していわく、「汝、後、来人をなやます事なかれ。われ、汝を化度し終る」と。一口に是を呑玉ふ。以後、今に至て、妖魔《おに》の障りなきのみならず、駅路繁栄の一境となる。

〈野州素麺谷の地蔵の遷座〉

彼野州素麺（七頁）谷の尊像もまた、道中守護のため此峠にうつらせ玉ふ。この地、いにしへの難事を忘れざるがため、十団子をこしらへ、又遠く野州をしたふて、家々皆素麺をうる。実に、菩薩廣大の慈悲力、万世不朽の碑銘《しょうこ》なり。また、夢想の告あり。いわく、「十団子を以て我前にそなへ、信心堅固にして是を喰ひ、これを所持せば、道中安全、諸事意のごとくならしめむ」と。

〈飛騨甚五郎の厨子寄進〉

其後、当御代にいたり、府中におゐて浅間両社御懇請あり。宮殿御建立のみぎり、飛騨の住人、工匠（八頁）甚五郎なるものをめして棟梁の職となし玉ふ。甚五郎、その大任を蒙り、首尾成就の冥助をいのるがために、厨子一宇を作り、これを寄附す。今猶あり。その霊験のごときハ、雨をいのれば雨忽ちくだり、晴をねがへば天忽ち晴れ、疫病をのぞき、難産をすくひ、盗難火災をふせぎ、旅人をまもらせ玉ふ事、数ふるにいとまなし。今ハ只略してこれをしるすのみ。

第二章　日光山の「素麺地蔵」伝説

一、栃木県さくら市氏家の勝軍地蔵

慶龍寺の「略縁起」に記された「野州素麺谷の地蔵伝説」とほぼ同じ内容の伝説が、下野国、すなわち現在の栃木県に残されている。ただし、主人公の地蔵は「宇津(都)の宮の山奥」ではなく同県さくら市氏家（旧塩谷郡氏家町）のものであり、素麺谷の地蔵伝説は、そこから鬼怒川沿いに西へ約三〇キロ離れた日光山中を舞台としている。

さくら市氏家は、宇都宮市の北方に位置する。ＪＲ氏家駅から南へ約二キロ、勝山城跡に程近い堂原《どうっぱら》地蔵堂にこの地蔵は祀られている。この辺りもかつては上人坂によって往古の氏家村の境界であったと考えられており、境神としての地蔵が祀られるにふさわしい場所である。(1)

しかし、延宝四年（一六七六）に大金重貞が著した『那須記』の巻九「氏家原軍附地蔵縁記言」や、享保八年（一七二三）以前に成立したと思われる『氏家記録伝』が伝えるこの地蔵の由来は、境神としての性格からは大いに異なっている。ちなみに、前者の記録は天正元年（元亀四年、一五七三）二月に氏家一帯を焼き払った那須氏の家臣、大久保民部が地蔵堂から地蔵縁起を奪い去り、その「地蔵縁起を開テ見に其文に曰ク」として『那須記』に引用されているものである。[2]一方、後者の『氏家記録伝』は同書の「写本の由来」によれば、享保八年（一七二三）の洪水で破損した原本を、宝暦五年（一七五五）に荒巻三郎衛門信瑞が書写、補筆したものである。[3]

まず、『氏家記録伝』に記されている縁起によれば、天喜五年（一〇五七）、源頼義が奥州の阿倍頼時を討った際にこの地に勝軍地蔵を祀り、あわせて七堂伽藍を建立したのが氏家の地蔵の始まりであるという。その後、康平五年（一〇六二）に阿倍貞任、宗任兄弟が反乱を起こしたため、頼義の子、源義家が鎮圧に赴いた。ところが、義家軍が現在のさくら市氏家の南に位置する旧河内郡河内町の辺りに達して鬼怒川を渡ろうとすると、魑魅魍魎が現れて風雨を起こし、川を反乱させた。そのため、義家は同行していた比叡山の僧、宗円に命じて祈禱を行わせたところ、河原の中に勝軍地蔵が忽然と姿を現して魔神達を退散させた。そこで、戦勝の後、義家は父、頼義が開創した寺を再興し、新たに不動堂を建立して宗円に治国平天下と逆徒調伏を祈願させた。それ故、同寺を「将軍山満願寺地蔵院」と名付け、宗円を同寺の中興開山にしたという。なお、宗円は後に還俗し、十六世紀までこの地を治めた宇都宮氏の始祖になったと伝えられている。(4)

氏家堂原地蔵堂

それに対して、『那須記』の記録には阿倍貞任、宗任兄弟の反乱を源頼義が鎮めた話は記載されているが、その中に勝軍地蔵は登場しない。むしろ同書によれば、後光厳院の時代（一三五二―一三七一）に太宰府から下野国に左遷された氏家因綱が、勝山城を築いて満願寺を創建した。その頃、この寺にいた僧が日夜勝軍地蔵の法を修願していると、ある時海神が現れて、五衰の苦（天人が寿命の尽きる前に経験する五つの苦）を取り除くことをこの僧に求めた。そこで、僧が大乗妙典の法施を行うと、翌朝、鬼怒川にて波間に漂う勝軍地蔵の石像を授かった。延文二年（一三五七）四月、僧は伽藍を建立してこの地蔵を祀り、同寺を「勝軍山龍宝寺」と名付けたという。(5)ちなみに、『氏家記録伝』においても、満願寺は創建後に一度は衰微し、延文二年（一三五七）に氏家氏によって再興されたことが記されている。しかし、その際に勝軍地蔵が法力を発揮したという話は含まれていない[6]。

さて、この二つの地蔵縁起を比べると、そこに記されている源頼義の活躍や、延文二年（一三五七）における満願寺の伽藍建立という記事はおおよそ合致している。また、「満願寺」という寺号は日光山の輪王寺の旧名と同じであり、同寺がもともと日光山と何らかの関係を有していたことを窺わせる。その一方で、地蔵の縁起そのものに関して、両書の記述は必ずしも一致しているわけではない。とりわけ『氏家記録伝』の地蔵縁起は、氏家の地蔵を源氏の棟梁や宇都宮氏の始祖と結び付けて権威づけようとする作為性を感じさせるものである。

しかし、いずれの縁起譚においても、この地蔵が勝軍地蔵とされていることは注目してよいであろう。勝軍地蔵は一般に甲冑を身につけた武人の姿で表される地蔵だが、その典拠の一つとされるのが、十五世紀前半に成立したと推定される『与願金剛地蔵菩薩秘記』である。その一部を以下に引用する[7]。

蓮華三昧経大勝秘密三昧品にいわく、勝軍地蔵というは、頭に冑を戴き、身に鎧をつけ、鉾を帯び、太刀を佩《は》き、弓箭を負い、左の手に幡をなびかし、右の手に劔を執る。軍陣に臨むに、向う敵なし。たとえば、秋の草の風に靡《なび》くがごとし。

勝軍地蔵に関する説話は、元亨二年（一三二二）に完成した虎関師練の『元亨釈書』巻九の中で、「清水寺延鎮」の項に登場するものが最初である。(8) しかし、同書の中で勝軍地蔵は武人の姿では登場しない。平安時代の初め、蝦夷の高丸を征伐するために東国へ赴いた坂上田村麻呂は、出陣に際して清水寺の僧、延鎮に法力による助勢を依頼した。そのおかげで、戦闘の最中に田村麻呂の軍の矢が尽きた時に、勝軍地蔵と勝敵毗舎門がそれぞれ小さな比丘と小男の姿で現れて戦場の矢を拾い、田村麻呂の軍を助けて勝利に導いたという物語である。ただし、小さな比丘の姿の地蔵が戦場で矢を拾う話は、既に十二世紀の前半に編纂された『今昔物語集』に含まれている。(9) つまり、『元亨釈書』の記事は、『今昔物語集』の地蔵説話を勝軍地蔵に仮託して生み出されたとも考えられる。しかも、速水侑氏に従えば、勝軍地蔵の信仰は十四世紀の前半に成立し、足利尊氏の帰依等もあって、室町時代にことに盛んになったと推測されるのである。(10)

この推測が正しければ、十一世紀に源頼義や義家によって勝軍地蔵が祀られたという『氏家記録伝』の記載は、明らかに後世の作り話だということになる。のみならず、『元亨釈書』の物語と『氏家記録伝』の伝える地蔵縁起は、いずれも蝦夷討伐という共通の舞台設定の中で、登場人物も坂上田村麻呂と源義家、高丸と阿部貞任、宗任兄弟、清水寺の僧延鎮と比叡山の僧宗円という好対照をなしている。そうだとすれば、『氏家記録伝』の伝える地蔵縁起は、『元亨釈書』の物語を下敷きにしていると言えるのかもしれない。

だが、氏家の地蔵縁起の中でもう一つ重要な事柄は、『那須記』が「抑《そもそも》此菩薩の垂跡《すいじゃく》愛宕大権現と云、日羅乃霊也[11]」と記し、『氏家記録伝』もこの勝軍地蔵が「或時は垂跡《すいじゃく》将軍愛宕として悪事災難魔軍を破脚し、叛逆無道之族を亡し[12]」と述べているように、両書がこの地蔵の垂跡（神としての仮の姿）を愛宕権現としている点である。

京都の愛宕山が地蔵の住む所だということは、既に『今昔物語集』でも言及されている[13]。また、戦国時代には、愛宕山の勝軍地蔵が武将達の尊崇を集めていたことはよく知られている。しかし、勝軍地蔵の垂迹である愛宕権現が、六世紀に百済国から渡来した日羅の霊であることを記載した文献は、おそらく明暦四年（一六五八）に中川喜雲が刊行した『京童』が最初であろう[14]。

それに対して、承応二年（一六五三）に刊行された『愛宕地蔵之物語』の中で、愛宕山の地蔵は「あるいは。将具《しょうぐ》大権現と現して。武家の弓失（矢）の神とも。なりたまひて。おはします。」と記されているが、その内容は日羅とは無関係のものである。[15] のみならず、同書の天正年間（一五七三―一五九二）頃の筆写本には、愛宕山の地蔵が勝軍地蔵であり、その垂迹が愛宕権現であることさえも記されていない。[16] つまり、勝軍地蔵の垂迹としての愛宕権現と、日羅の霊とを結び付ける信仰は、少なくとも十六世紀の中頃には京都の周辺でも一般的ではなかった可能性がある。そうだとすれば、氏家の地蔵の垂迹を愛宕権現とみなし、それを日羅の霊と同一視する『那須記』や『氏家記録伝』の記載は、十六世紀の前半以前に作成されたものではない可能性がある。この点については、後に改め

氏家の勝軍地蔵（平石氏所有、写真提供　さくら市ミュージアム）

て触れることにしよう。

ところで、『那須記』と『氏家記録伝』の双方の記録によれば、満願寺は大永三年（一五二三）十二月七日、失火によって全山を焼失した。そこで、片岡弾正や青谷九郎左衛門等が中心になって同寺の再建を目指し、各地より多額の喜捨を集めた結果、『氏家記録伝』によれば大永四年（一五二四）六月二四日、『那須記』によれば同年十二月二日に入仏開眼の供養が行われたという。なお、この再建にあたっては様々な奇瑞が生じ、それによって勝軍地蔵に対する人々の尊崇がますます高まったということが、その具体的な内容には若干の相違があるものの、両書の中にそれぞれ記載されている。(17)

しかし、こうして再興された満願寺は約五〇年後に再び火災によって焼失し、元亀三年（一五七二）に再建された。ところが、翌年の天正元年（元亀四年、一五七三）、今度は兵火によって全焼した。この時に持ち去られた地蔵縁起が『那須記』に引用されたものである。その後、同寺は堂原地蔵堂として存続することになったが、延宝六年（一六七八）にも火災で焼失した。現在の地蔵堂は、元禄年間（一六八八―一七〇四）に宇都宮城主阿部対馬守によって建立されたものである。ちなみに、今日、この地蔵堂は戦国時代の氏家勝山城主の家臣で、当時から満願寺に関わりがあったと伝えられる平石家の持仏堂になっている。また、勝軍地蔵は六〇年毎に開帳される秘仏とされており、[18] 地蔵堂の前には、秘仏の尊像を模したとされる石造の地蔵が安置されている。

二、素麺谷の地蔵伝説

氏家の勝軍地蔵には様々な奇跡譚が伝えられている。そうした伝承の中でも最も有名なのが素麺谷の地蔵伝説、すなわち「素麺地蔵」の伝説である。この話は『那須記』（一六七六成立）に記されるとともに、『下野風土記』（一六八八成立）や『氏家記録伝』（一七二三以前成立）にも収載された。以下に、諸本に記されている「素麺地蔵」伝説を紹介する。まずは『那須記』から、漢文で記されている関連箇所を書き下して引用する。[19]

> 百一代後小松院の時の世、至徳二年乙丑（一三八五）五月下旬、［氏家］因綱の末葉、氏家左衛門尉永山、満願寺阿闍梨に言て曰く、「予に思量有り、二荒山《ふたらさん》に至て、三所権現を祈るべし」、阿闍梨、日光に昇り、豊城命等を拝礼す、寺院に至り飢に及び、素麺を乞う、笞《むち》を以て素麺を責め、腹に余りて死す、故に地蔵、聖の亡失を怒て齢四、五の

沙弥と化して件《くだん》の坊に至りて、素麺を喰わんと欲す、強力の悪僧数十人集まりて素麺を責む、飽満したりと云いて退かんとす、［悪僧］筥《はこ》を以て怒りて猶責む、沙弥は方便にて［素麺を］西谷に投げる、日光素麺尽きて躁動す、之を求むと雖《いえど》も不可なり、沙弥の偉碩、喰を為して還って悪僧を責めて曰く、「我は氏家の勝軍地蔵なり、寺の聖を責め亡され、太《はなは》だ怨敵を取るべし」、寺内の老僧集まりて慈悲を乞う、地蔵免じて虚空に去る、西谷素麺満ちて雪山の如し、諸人危恠す、夫《それ》、日光責に由来在り、（中略）歌にも往古は一年に一人二人、呵責死するなり。至徳以来今に至りて唱を失う、地蔵の御方便の故なり、夫《それ》より食に滞らざる者を地蔵の素麺に喩うるなり。

次に、『下野風土記』の中の「氏家堂原地蔵」の記事である。(20)

世ニ称《となう》ルソウメン地蔵ト云ハ是也、昔氏家ノ人日光へ参詣ス、日光別所ノ作法ハ何ニテモ望好ム所ノ食ヲシイ喰《くわ》スル事ナリ、氏家ノ者此別所へ行、素麺ヲノソミシニ安キ事也トテ、以ノ外ニシイ喰セラレテ終ニ命ヲ失フ、氏家地蔵、所ノモノノ殺サレシ事ヲ無念ニ思ヒ、僧ノ形トナリテ日光別所ニ至リ、氏家ノ僧也トテ、又素麺ヲ好ム、レイノ如クシイテ喰スレ共サラニアク事ナシ、アタカモ大海ヘ小水ノ流ヲ入ルカ如シ、日光ノ素麺不残《のこらず》喰ツクシ近郷遠里ノソウメンヲアタユレ共サラニアク事ナシ、モハヤ別所ノ力モ不《かな》叶《わず》スベキヤウナク、アキレハテケル、立タル作法ヲヤブリ、僧ハ氏家ノ意趣ヲトケテ帰リケル、扨《さて》此ノ僧ノ帰シアトニテウシロノ谷ヲ見ケレハ、素麺ニテ埋メケル、ソレヨリシテ此谷ヲ素麺谷ト云、滝尾ヱ行道ニ有、此僧ヲ氏家ニテタズヌレ共、サラニ其人ナシ、故ニ此地蔵、僧ト変セシ事疑ナシ、ソレヨリ名ツケテ素麺地蔵ト云伝ヱタリ。

最後は、『氏家記録伝』の記載である。ここでは同書の中で「地蔵堂炎焼建立並奇特ノ事」として漢文で記されている内容を、書き下して以下に示す。[21]

向《さき》に、大永中（一五二一―一五二八）、片岡氏と青谷氏の建立以来五十余年、転《うた》た繁昌すと雖も、盛者必衰、時なく、至らずして精舎終に焚す。元亀三壬亥《（ママ）》年（一五七二）、殿下《（天下）》平らぎ、［織田］信長公之代、勝山城主氏家中務佐と道城宿飛山城主平石能登守、嫡男佐渡入道道連、意を合わせて建立して故《もと》の如し。同年四月下旬、開眼入佛を為し奉り了《おわん》ぬ。同年六月下旬頃、［氏家］中務佐、地蔵院之弟子に託して曰く、「我焉《ここ》にあり。

即ち、日光三社権現に参詣し、宿願して姑《しばら》く当山に代わるべし」と。弟子は命を冠し、乃《すなわ》ち中品、下品、饒堂に参詣して、瀧尾の別所に至りて、飯に飢す。素麵を乞う。然《しか》る所、衆の強力山僧、左右に並び、嘲弄して将《まさ》に食を用いて之を責め害せんとす。已に顔色に顕る（死亡した）(22)。

懸《はるか》に地蔵菩薩、彼等の業障に哀れみ、齢四、五之化したる沙弥に現じ、別所に至りて、同じく素麵を乞う。諸の強僧等、之を食責に為さんと欲し、即ち膳を調《ととの》え、化したる沙弥の前に居る。厥《そ》の時、強僧は捜して捜して誣《しい》ると雖も、更に飽くことなく、満山之素麵を期して健《むさぼ》り尽くす。化したる沙弥之腹、未だ満たずと言う。衆僧等、今、之に驚懼し、合掌して言わく、「真に高僧なり。常人に非ず。凡人、何如《いか》に、斯の如く能《よ》くせんか」と。爾時《そのとき》、化したる沙弥、面光赫然として強僧等に告げて言わく、「汝等、向《さき》に戯弄して人を害せんと欲す。其の業報、免れざる所。我、汝等を衰(哀)れむ故に、此に現ず。已往(後)、此の如き罪を止めよ。吾は是、氏家の地蔵なり」と。消える如く失せたり。然る所、樵夫《きこり》来て告げて曰く、「是より西方、素麵にて一谷を満たす」と。大衆聆《きき》て之を怪しみ、即ち行きて見るに、違うことなし。寔《まこと》に此尊の妙応、勝て計るに不逞《こころよからざる》者なり。信仰すべし、帰休(依)すべし。

元亀三壬亥《（ママ）》年（一五七二）秋七月吉日地蔵院住僧栄愼謹みて記す。

さて、この出来事が起こった年代を、『那須記』は至徳二年（一三八五）五月下旬としているのに対して、『氏家記録伝』は元亀三年（一五七二）六月下旬と伝えている。『下野風土記』はその年代を特定していない。

一方、この物語の舞台について、『那須記』は単に日光山の「寺院」、もしくは「坊」とし、素麺で埋まった谷を「西谷」とするのみであるのに対して、『氏家記録伝』は「瀧尾の別所」と明記している。『下野風土記』はその場所を「日光別所」と記し、素麺で埋められた谷については、「ソレヨリシテ此谷を素麺谷ト云、滝尾ヱ行道ニ有」と述べていることから、瀧尾権現社の別所を想定していることが窺われる。また、享保十三年（一七二八）に刊行された『日光名跡誌』は、瀧尾権現社の「御別所」の項目の末尾に、「いにしへ氏家の地蔵索麺を所望してせめられし所ハ此別所なり。瀧の向を索麺谷と云ふなり」と記している。[23]

ちなみに、瀧尾権現社は輪王寺や東照宮の建ち並ぶ場所から一・五キロ程北西の山中にある。稲荷川に沿って石畳の山道を上って行くと、途中に日光開山の勝道上人の廟等を経て、これより先は聖域とのことで「大小便禁制の碑」が現れる。更に進むと白糸の滝にたどり着

中央に別所が描かれている。また、階段の左側にあるのが白糸の滝であり、その奥が「素麵谷」である

「瀧尾権現社」図（『日光山志』巻２所載、須原屋伊八板元、天保８年〈1837〉刊、静岡県立中央図書館蔵）右頁の図の

き、滝の右側の石段を登ったところに江戸時代の別所跡がある。瀧尾権現社はその奥に位置している。ただし、十九世紀の前半に植田孟縉が編纂した『日光山志』には、「往古は今の別所の辺に社頭ありしが、稲荷川たびたびの洪水に山根を崩しけるゆゑ、正保二（丙戌《（マヽ）》）年（一六四五）毘沙門堂公海大僧正御願主にて、社頭造り替への砌《みぎり》、往古の別所の地へ社頭を引き移したまひ、旧社の跡へ別所を曳かれたりといふ」と記されている。[24] それ故、「素麵地蔵」伝説が生まれた当時の別所は、現在、瀧尾権現社の社殿がある辺りに位置していたと考えた方が妥当である。ただ、いずれにせよ、今日残されている別所跡から瀧尾権現社に続く道筋の西側の谷が、説話の伝える「素麵谷」であることに変わりはない。

伝承によれば、瀧尾権現社は弘仁十一年（八二〇）に空海によって創建された。その時、空海はこの地で護摩を焚いて瀧尾権現を勧請し、それによって天女の如き姿の霊神が姿を現したと伝えられている。ちなみに、この伝承を記した最古の記録は「瀧尾建立草創日記」や「日光瀧尾草創建立記」等である。[25] しかし、この両書は鎌倉時代の作とみなされており、空海の日光入山は史実ではないという見解が近年では有力である。

だが、たとえそうだとしても、瀧尾権現社は日光三所権現の中の田心姫命《たごりひめのみこと》（女峰山権現）を祀っており、大己貴命《おおなむちのみこと》（男体山権現）を祀る新宮、味耜高彦根命《あじすきたかひこねのみこと》（太郎山権現）を祀る本宮とともに、東照宮の造営以前、言い換えれば十七世紀前半以前の日光山の中心をなしていた。また、三社の配置からすれば、瀧尾権現社は最も奥まったところに位置する。それだからこそ、『氏家記録伝』において、氏家満願寺の僧は瀧尾権現社に最後に参詣し、その後に同権現社の別所で食事を所望したことにされているのであろう。

三、「素麵地蔵」伝説と日光山の強飯式

瀧尾権現社で生まれた「素麵地蔵」伝説は、その後「地蔵責」、あるいは「日光責」の言葉を生み、日光山に伝わる強飯《ごうはん》式の由来になったと言われている。例えば『日光山志』の「強飯」の項には、「むかし滝尾へ地蔵変じ来り、索麵を乞ひけるゆゑ、地蔵を責めしより始まれりともいふ」と記されている(26)。

この強飯式は文字通り「飯を強いる」儀式であり、山伏姿の強飯僧が大椀にうず高く盛られた三升の飯を頂戴人に渡し、傲慢な態度で「七十五杯一粒残さず食べろ」と強要する。江戸時代以後は形式化され、輪王寺法親王や徳川歴代将軍、あるいは諸大名に対しても行われた。今日では四月二日に輪王寺三仏堂で行われているが、古くは日光山内の各別所で、毎年

正月の他、適宜営まれたと伝えられている。のみならず、日光では各町屋においても祝いの席で行われていたようであり、『日光名跡誌』の中の瀧尾権現社「御別所」の項には次のように記されている。(27)

此所にて日光責とて食物を望む者あれば、其食物を与へ強責《しい》る事あり。かるがゆへに捻《ねじ》棒《ぼう》などの責道具あまた壁にかかれり。又大きせるなどもあり。惣じて別所〳〵ハいふに及ばず、坊中町方にても此事あり。他所より来りて、はじめて年をとる人ハ勿論、さなくても御宮御霊屋御代参の大名衆、大せつの来客へハ馳走のため飯を強る事古例なり。また日光の地にて養子、婚礼、新宅等の祝儀事にハかならず日光責を行ふ。是此所、故ある事にて其人のため甚《はなはだ》祈禱となるなり。

この一節からも窺われるように、強飯式は古来縁起のよい行事として行われてきた。今日でも、強飯を頂戴した者は「七難即滅、七福即生、四魔退散、家運長久」の利益にあずかるとされており、儀式の最後に毘沙門天の金甲《かぶと》と称する注連（しめ縄）を頭上に与えられる。また、その由来に関しても、例えば小暮某氏は、修験の行者が山中の行場の本尊に供えた御供を持ち帰り、それを里の人々に分かち与えたことから始まったと述べている。その上で、「往時、この式が主として瀧尾権現にて行われたことも、瀧尾が回峯行の大宿となつていたことを思い合せる時、またむべなるかな、と感ぜられる」と論じている。[28]一方、『日光市史』においても、強飯式は「時を定めて来訪する神々を我々の先祖が喜んで迎え、これをもてなすに沢山の御馳走をもってしたことがその発祥の源ではなかろうかと考えられている。……つまり、強飯は神人共食の習俗の一つなのである」と解説されている。[29]

ところが、このような解説では、強飯式が吉祥をもたらすことの説明にはなっても、大量の「飯を強いる」ことの説明にはならない。そこで、この問題をめぐっては、江戸時代から幾つかの説が唱えられてきた。藤井萬喜太氏はそうした見解を以下のようにまとめている。[30]

山崎美成、植田孟縉、成島司直等は神秘的の行事として山僧の言に迎合してゐるが、藤井懶齋は日光権現の前身は、山麓の貧しい獵師であつたと云ふ、日光山古縁起の説を採つて来、寒食の故事に及び、痛烈に嘲つてゐる。貝原益軒と柏崎永以は簡単に東陲民俗の誇張と見てゐるのは妥当であらう。

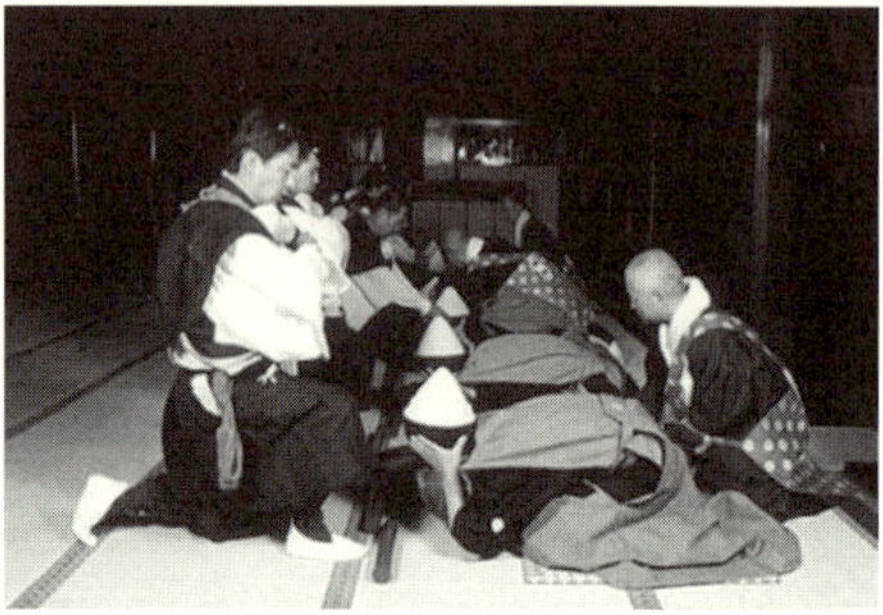

強飯式（写真提供　日光山輪王寺）

藤井氏が妥当だとみなした貝原益軒の説とは、「食を強ふる事こゝのみにもあらず、江戸王子などにも強飯といふ事あり、皆これ辺境の古風、おのづから有し事なり、何の故といふ事もなし[31]」というものであり、柏崎永以の説は、「日本にて古は、賓客に飯を専らしひる事を、礼儀とせると見えたり。今も遠国辺土の民間には、殊に食事を強る事あり[32]」というものである。そして藤井氏自身も、「この日光責の行事は、神事法要ではなく、嘉例古実とは称するものゝ、実は民間風俗を誇張したものであった[33]」と論じている。

ここで考えてみれば、酒宴の席等で盃を重ねたり、種々の御馳走を強いる風習は今も各地に残されている。また、飯を大椀に盛る高盛飯の作法は、現在も神仏への供え物や死者の枕飯、あるいは出生直後の赤ん坊の産飯等のために行われている。のみならず、通常の飯を小椀に盛り、必要に応じてお代わりをするという今日の習慣は鎌倉時代頃から徐々に普及し始めたものであり、それ以前は飯を大丼に一杯に盛り付け、食欲増進のために干アワビ、塩辛、漬物等の小皿を周りに並べていたという。[34]

そうだとすれば、強飯人が三升飯を盛った大椀を頂戴人に押し付けた後に、御馳走と称して日光山の珍物である中禅寺の木《き》辛皮《からかわ》、蓼ノ湖のタデ、御花畑の唐辛子、寂光の大根という、いずれも辛みの強い四品を授与する日光山の強飯式の作法は、[35]鎌倉時代以前における我が国の食の風習の遺制と言うことができるのかもしれない。言い換えれば、強飯式の作法は鎌倉時代以前の食の風習が、その一部を誇張する形で伝えられたものだということになるであろう。

もっとも、この強飯式が歴史的にいつ頃から始められたのかは定かでない。栃木県には日光山の影響で他にも幾つかの強飯式が伝えられているが、鹿沼市（旧上都賀郡粟野町）発光《ほっこう》路《じ》の強飯式は延文年間（一三五六―一三六一）に初めて行われたと言われている。[36]もしもこの伝承が確かであれば、日光山の強飯式の始まりは、日光修験が成立したとされる鎌倉時代の末頃までさかのぼる可能性がある。「強飯式もいつ始まったかよくわからなくて、中世頃から行なわれていた形跡があると思うのです。これは割に修験関係に関連づけて行なわれた行事だと思います」という菅原信海氏の主張も、[37]それと同じ見解を示したものだと言えるだろう。

これに対して福原敏男氏は、近世以降の強飯式と中世以前のそれとを直接結びつけて考えるべきではないと主張する。すなわち、近世以降の強飯式は宗教的儀式というよりも、徳川家康を祀る日光東照社（宮）が創建された後に、東照大権現が諸大名等へ御供を振る舞うという政治的な饗応儀礼として誕生したというのである。(38) だが、たとえそうだとしても、やはり近世以降の強飯式の原型となるべき食責めの儀式が、それ以前には存在しなかったと考えるのは難しいように思われる。

ただ、いずれにせよ、「日光責」と称される強飯式が決して悪弊とは言えないことは確かである。それにも関わらず、「素麵地蔵」の伝説において、素麵の食責めは非難されるべき行為として語られている。すなわち、『那須記』の伝える説話では、地蔵は満願寺の僧が別所の僧達に殺されたことに「怒て」別所に現れ、「沙弥（地蔵）の偉碩、喰を為して還って悪僧を責めて曰く、『我は氏家の勝軍地蔵なり、寺の聖を責め亡され、太《はなは》だ怨敵を取るべし』」と述べている。『下野風土記』でも、地蔵は「所ノモノノ殺サレシ事ヲ無念ニ思ヒ」別所に赴き、「僧（地蔵）ハ氏家ノ意趣ヲトケテ帰リケル」と記されている。また、『氏家記録伝』においても、地蔵は別所の山僧達に対して「汝等、向《さき》に戯弄して人を害せんと欲す。其

毘沙門天の金甲（写真提供　日光山輪王寺）

の業報、免れざる所。……已往《（後）》、此の如き罪を止めよ」と語っていた。これらの記述において、別所の僧達の所業は単に人々を苦しめる悪行とみなされており、地蔵はそうした悪行を征伐する存在とされている。だからこそ、この地蔵が「軍陣に臨むに、向う敵なし」という勝軍地蔵であることには大きな意味があったのである。

しかしながら、『氏家記録伝』を注意深く読み解くと、その中には他の二書と異なる点があることに気づく。すなわち、他の二書が地蔵の所業を単なる意趣返しとして扱っているのに対して、『氏家記録伝』の中で、地蔵は「汝等（山僧達）を衰《（哀）》れむ故に」別所に現れ、僧達に対して悪業を止めるべく諭しているのである。

さらに『氏家記録伝』では、別所の僧達が素麺を食べ尽くしたわずか四、五歳の沙弥（地蔵）に対して合掌し、「真に高僧なり。常人に非ず。凡人、何如《いか》に、斯の如く能《よ》くせんか」と語っている。つまり、僧達はあらゆるものを食い尽くす能力のある者を、特別な験力をもつ者として尊崇しているのである。そうだとすれば、多量の食事を食べ尽くすことは、この験力を身につける修行の一環とみなされていたのかもしれない。このことは、小学館の『日本国語大辞典第二版』において、「強飯」とは「本来は食事を豊富に供し、客を歓待する作法であったが、若者たちが大食や食いだめを競うようになり、また修練とも考えられることから、山伏の行《ぎょう》法《ほう》にも取り入れられた[39]」と解説されていることからも支持されるであろう。それだからこそ、現在も強飯式を無事に済ませた者は、この験力を手に入れた者として「七難即滅、七福即生」等の利益を約束され、毘沙門天の金甲《かぶと》を授かるのではないだろうか。このように考えれば、「飯を強いる」行為には、単なる悪行とは異なる宗教的な意味が込められていると言うこともできる。ただし、伝説の中で別所の僧達は、このような修行を望まない者にまで素麺を無理強いした点に問題がある。『氏家記録伝』において地蔵が叱責したのは、まさにこの点だと思われるのである。

四、「素麺地蔵」伝説の成立時期とその伝播

では、「素麺地蔵」伝説はいつ頃成立したのであろうか。この点をめぐって、久野俊彦氏

は寛永十二年（一六三五）から正保二年（一六四五）の間に上方で筆写された狂言「日光責」の存在に注目する。[40] この狂言は、日光山における素麵の食責めを題材とするものであり、「素麵地蔵」伝説と同じ主題を扱っている。それ故、同氏はこの狂言を基調として「素麵地蔵」伝説は生み出されたのだと推測している。その上で、この伝説は戦国時代の末期に焼失した氏家の堂原地蔵堂の再建に際して、人々からの喜捨を求めるため、地蔵の霊験譚を流布させることを目的として十七世紀初期に生み出されたのであろうと同氏は結論づけている。

久野氏によるこの指摘は示唆的である。しかしながら、同氏の所説とは反対に、『素麵地蔵』伝説が上方へ伝えられ、それをもとにして狂言「日光責」が作成された可能性も否定し難い。その場合、伝説の成立年代の上限はいつ頃までさかのぼることができるであろうか。この問題を考えるにあたり、その一つの手掛かりとして、素麵を食べる習慣がいつ頃から一般に広まったのかを確認してみることにしよう。[41]

改めて論ずるまでもなく、現代の素麵は小麦粉に塩と水を加えてこね、それに油を塗って細長く延ばしたものである。このような素麵は、鎌倉時代の禅僧達によって中国から導入されたと考えられている。それ以前には、小麦粉に米粉や塩を混ぜた生地を、延ばしてねじったものが「索餅《むぎなわ》（麦縄）」と呼ばれていたようである。この索餅は、一〇世紀頃までは宮中の行事で用いられる特殊な食品であった。しかし、『今昔物語集』には僧侶が客人を多く集めて「麦縄」を食べる話が収録されている。(42)それ故、十二世紀には索餅が寺院等では一般に食されていたことが窺われる。しかも、索餅は小指程の太さだったと思われるのに対して、応永二七年（一四二〇）に成立した『海人藻芥』の中に「索麪《そうめん》ハホソモノ」と記されているため、(43)索餅と素麵は別のものであった可能性が強い。けれども、十六世紀になると索餅は一般には忘れられた存在になり、十七世紀には「素麵」の古い呼び名が「索餅」であると考えられるようになった。したがって、「素麵地蔵」伝説における「素麵」が実際には「索餅」を意味しているとすれば、この伝説の成立年代を十二世紀頃までさかのぼらせることもできるだろう。

しかし、この年代は現実的ではない。と言うのも、既に論じたように、日光山の強飯式は鎌倉時代の末頃、すなわち十四世紀頃に始められた可能性がある。一方、「素麵地蔵」の年代を、『那須記』は至徳二年（一三八五）、『氏家記録伝』は元亀三年（一五七二）と伝えており、いずれにせよ、この伝説が十四世紀以前に成立したと考える必要はないからである。しかも、この三つの年代を比較すれば、「素麵地蔵」伝説の発生よりも、強飯式の発祥の方が古い可能性が高い。つまり、日光山の強飯式は、伝説が伝えているように「素麵地蔵」伝説にもとづいて始められたのではなく、むしろ日光山で強飯式が行われていたが故に、「素麺地蔵」伝説が生み出されたと考える方が妥当なのである。

それでは、この伝説の生まれた年代として、『那須記』が伝える至徳二年（一三八五）を採用することはできるだろうか。結論から述べれば、この年代も疑わしい。なぜなら、同書における満願寺の記録は、天正元年（元亀四年、一五七三）に持ち去られた地蔵縁起にもとづくものだとされており、その内容は大永三年（一五二三）の記事で終わっている。その一方で、『那須記』には氏家の地蔵が勝軍地蔵であり、「抑《そもそも》此地蔵ノ垂跡《すいじゃく》愛宕大権現ト云、日羅乃霊也」ということが明記されていた。けれども、愛宕権現を日羅の霊と同一視する信仰は、前述のとおり十六世紀の中頃には京都の周辺でさえも一般的ではなかった可能性がある。それ故、地蔵堂から奪い去られた地蔵縁起の原本に、日羅の霊に関する記述が含まれていたとは考え難いのである。

むしろ、日羅の霊に関する記述は、地蔵縁起を『那須記』に引用する際に後から補われた可能性が強い。そうだとすれば、「素麺地蔵」の伝説も、その時に書き加えられたと考えることができるだろう。しかも同書では、その伝説が起こった年代を大永三年（一五二三）以前に設定する必要があった。そこで、『那須記』ではこの伝説の年代を、同書が伝える満願

瀧尾権現社へ道

寺の創建時期、すなわち延文二年（一三五七）から間もない至徳二年（一三八五）に置き換えたのではないだろうか。

　それに対して、『氏家記録伝』が伝える元亀三年（一五七二）という年代を否定すべき積極的な理由は見当たらない。無論、伝説の成立時期である以上、この年代をそのまま採用する必要はない。けれども、この伝説が成立した年代を、十六世紀後半から『那須記』が著された十七世紀の中頃までの間に設定することは、あながち不適当なことではないだろう。さらに付け加えれば、瀧尾権現社の脇を流れる稲荷川では古くからしばしば洪水が発生していたという[44]。もしかすると、そのような洪水を素麺に仮託して、それを強飯式と結び付けることで「素麺地蔵」伝説は生み出されたのかもしれない。

　ところで、日光山の「素麺地蔵」伝説と関係があるかもしれない地蔵菩薩と不動明王が、管見では全国に少なくとも五例存在する。

一つ目の例は、山形県羽黒山の中台滝にかつて祀られていたという素麺不動である。宝永七年（一七一〇）頃に成立した『三山雅集』の「中台ノ滝」の項によれば、この不動尊像は「御長一尺余の鉄仏の尊像、慈覚大師（円仁）の御作霊験あらたにましまして、この堂の前を馬上にて往来する事あたはず」と記されている。その上で、同書はこの不動の説話を次のように伝えている。[45]

> そのかみこの住持他出の折から、遠来の壇越来る。既に帰らんとせし時、小僧一人出合ひ、かれこれと物して索麪を饗応す。旦那かさねて住持に出逢ふて、右のあらましを謝礼す。住持あやしく思ひ、院内隣屋を問へども誰も知らず。ただ不動尊の御手に索麪の摺付きたるを見る。さては明王、小僧に変じてかく物し給ふよと顕はれ、世に索麪不動と唱ふ。今南谷修行寺の本尊となり給ふ。

この伝説を一読して明らかなように、その内容は日光山の「素麺地蔵」のそれとは異なるものである。また、ここには地蔵と不動という違いも存在する。けれども、弘安六年（一二八三）に成立した無住国師の『沙石集』巻二において、地蔵と不動はそれぞれ大日如来の柔軟と強剛の方便と記されているように[46]、両者を一体とみなす信仰が存在したようである。しかも、『三山雅集』には先の引用箇所に続けて、「かかる奇特も有りける事、氏家の素麪地蔵など云へるにおなじき霊験にこそ」と記されている[47]。つまり、羽黒山の側では、素麺不動の伝説と日光山の「素麺地蔵」のそれとを結び付けて考えていたことが窺われるのである。

二つ目の例は、栃木県日光市清滝町の天台宗日光山清滝寺に祀られている素麺地蔵である。同寺は、弘法大師の開創と言われており、かつては日光山全山の菩提所とされていた。しかし、明治時代の廃仏毀釈で廃寺同然となり、明治四二年（一九〇九）に近くの円通寺と合併する形で復興された。そのため、同寺の素麺地蔵の由緒等は今日に伝えられていない[48]。しかし、同じ日光山中でもあり、この地蔵が瀧尾権現社の別所における「素麺地蔵」伝説と関わりがないことはないであろう。

三つ目の例は、石川県金沢市野町の真言宗長久山千手院の素麺地蔵である。同寺の開創は天長年間（八二四―八三四）、本尊は坂上田村麻呂が兜の中に忍ばせていた守り仏だと伝えられている。伝承によれば、この寺の素麺地蔵は弘法大師の作であり、北陸教化の旅の途中で、夢枕に立った地蔵の姿を霊木に刻んだものであるという。また、ある時、この地蔵は小僧の姿で檀家の仏事に行き、そこで大量の素麺をよばれてきた。住職がその話を聞き、寺にそのような小僧はいないと言って帰ってくると、地蔵の口元に素麵が残っていた。この話を伝え聞いた人々が、この地蔵が生身の仏かどうか試してみようと考えて、へその辺りにお灸をすえると地蔵は涙を流したと言い伝えられている[49]。

もっとも、この地蔵が日光山の「素麵地蔵」伝説と関わりがあるとは伝えられていない。けれども、同寺は江戸時代には加賀藩主、前田家の祈願寺とされていた。そのため、藩主かその家臣によって日光山の伝説が伝えられ、この地蔵の話が生み出されたと考えることもできるであろう。

四つ目の例は、神奈川県横須賀市の浄土宗吉井山真福寺の素麵地蔵である。同寺は享禄四年（一五三一）の開創であり、素麵地蔵は同寺の本堂内に祀られている。伝説によれば、ある時、この地蔵の前に足を投げ出して寝ていた者が、眠っている間に地蔵によって枕の向きを変えさせられたことから、別名「枕返地蔵」とも呼ばれている。また、この地蔵に願かけをした者は、願いがかなった時には素麵を供える風習が現在に伝えられているという[50]。

明治四二年（一九〇九）に著された『浦賀誌録』によれば、この地蔵はいつ頃かに日光山の素麵滝からもたらされ、しばらくは別の場所に祀られていたが、後に真福寺に移されたものだという[51]。ただし、ここで注意しなければならないのは、同寺の素麵地蔵の由来が日光山の素麺谷ではなく、素麺滝だという点である。と言うのも、日光山の素麺滝は素麺谷から直線距離で南へ約三キロ、含満《がんまん》ガ淵の南に位置する滝であり、素麺谷にある白糸の滝を素麺滝と呼ぶことは間違いであると『日光山志』にも明記されているからである。(52)とは言え、真福寺の素麺地蔵の伝承が語り継がれる間に、素麺滝と素麺谷が混同した可能性もあり得る。それ故、同寺の素麺地蔵が日光山の「素麺地蔵」伝説と無関係であるとは一概に断定できないのである。

さて、日光山の「素麺地蔵」伝説との関係を示す五番目の例が、宇津ノ谷峠の素麺地蔵である。しかも、この地蔵の伝説のみが、唯一日光山における「素麺地蔵」伝説を忠実に伝えているものである。次章では、いよいよこの宇津ノ谷峠の地蔵伝説に焦点を当てながら、日光山の「素麺地蔵」伝説との関わりや、宇津ノ谷峠の地蔵伝説そのものの意味を考えることにしよう。

第三章　宇津ノ谷峠の「素麵地蔵」伝説

一、受け継がれた「素麵地蔵」伝説

それでは、議論を宇津ノ谷峠に戻すことにしよう。先にも述べたように、宇津ノ谷峠の「素麵地蔵」伝説は、日光山におけるそれとよく似た内容をもっている。その一方で、細かい部分では両者の間に相違点があることも事実である。これらの相違点を分析することで、宇津ノ谷峠の「素麵地蔵」伝説の特徴が浮かび上がってくると思われる。ここでは五つの点に注目したい。

第一は、宇津ノ谷峠の地蔵が弘法大師の自作とされている点である。地蔵尊像が弘法大師の作と伝えられる例は全国各地に存在する。それ故、通常であればこのことを特に問題視する必要はない。しかし、ここで語られている説話が日光山の「素麵地蔵」伝説だということになると、この伝承はにわかに重要な意味を帯びてくる。と言うのも、「素麵地蔵」伝説の

「瀧尾霊神影向之図」（『日光山志』巻 2 所載、詳しくは49ページの図の解説を参照）

舞台となったのは日光山の瀧尾権現社の別所であった。そして、この瀧尾権現社は、史実か否かは別として、空海が弘仁十一年（八二〇）に自ら勧請した霊神を祀るために開創したと伝えられている。つまり、二つの伝説の年代に若干の違いがあるとは言え、空海による瀧尾権現の勧請と鎮座を、弘法大師（空海）による地蔵尊像の作成と安置に置き換えることで、宇津ノ谷峠の地蔵縁起に即した物語の改変が行われることになるのである。しかも、それは宇津ノ谷峠の地蔵と日光山との関連を示唆する役割をも担うものである。

第二は、宇津ノ谷峠の地蔵が垂迹愛宕権現とともに出現している点である。この点は日光山における「素麺地蔵」伝説とは明らかに異なる。けれども、ここでは愛宕権現が地蔵の垂迹として現れたことが重要である。と言うのも、日光山で「素麺地蔵」伝説を生んだ氏家の地蔵は、愛宕権現を垂迹とする勝軍地蔵であった。つまり、このことは宇津ノ谷峠の地蔵が氏家の勝軍地蔵に他ならないことを示しているのである

第三は、「素麺地蔵」伝説が生まれた背景である。日光山における素麺の食責めは、瀧尾権現社の山僧達が単に人々を苦しめるために行っていたものである。あるいは、それは先に考察したように、本来であれば特別な験力を獲得する修行の一環として行われていたものかもしれない。一方、宇津ノ谷峠のそれは、「欲心深」い「野州宇津（都）の宮の山奥」の人々が、「多く椀数をならべ、理不仁（尽）に價《あたい》をとる」ことを目的としており、「実に人をおひおとすにひとし」い行為であった。これは、物語の重大な改変である。しかも、それは宇津ノ谷峠に日光山の地蔵が出現する理由付けにもなっている。と言うのも、慶龍寺の「略縁起」の中で「素麺地蔵」伝説に続く「食人鬼」伝説は、後述するように、おそらくは宇津ノ谷峠でしばしば出没したであろう追剝や強盗をモデルにしていると考えられる。その追剝や強盗と同じ所業を行う人々を懲らしめるために地蔵は登場する。つまり、「素麺地蔵」伝説のもつ意味が、日光山で語られたような意趣返しではなく、山中を通行する人々の安全保証、もしくは勧善懲悪の物語へと改変されているのである。

そして、この点を裏付けるのが第四の点である。すなわち、慶龍寺の「略縁起」では、素麺を売り付けていた人々が地蔵に対して自らの「過《あやまち》を謝」すとともに、地蔵はこの者達に対して明確な形で勧善懲悪の説教を行っている。のみならず、「善悪ともに汝より出るものハ、汝にかへる」という地蔵の言葉は、善因善果、悪因悪果からなる仏教の自業自得の教えを説くものである。この点は、『那須記』や『下野風土記』とは異なる一方で、地蔵が強僧達に対して「其の業報、免れざる所。……已往《後》、此の如き罪を止めよ」と説く『氏家記録伝』とは共通する要素である。

第五に指摘すべき点は、慶龍寺の「略縁起」では、「素麺地蔵」伝説の舞台を日光山とせずに、「野州宇津《都》の宮の山奥」とのみ記している点である。おそらく宇津ノ谷峠の地蔵縁起に「素麺地蔵」伝説を取り入れた人々は、この物語の舞台が日光山であることを知っていたであろう。このことは、伝承の細部で改変が施されているとは言え、物語の大筋においては日光山の伝説を忠実に継承していること、さらには、日光山において素麺で埋め尽くされた谷を「素麺谷」と呼ぶ風習が、「略縁起」の中に明記されていることからも明らかであろう。

それにも関わらず、ここで「日光山」の名前を明示しなかったのはなぜなのか。まず思いつくのは「宇津ノ谷」と「宇津《都》の宮」の地名の類似にもとづく語呂合わせである。しかし、野本寛一氏はこの見方を否定した。その上で、同氏は「宇都宮」は二荒山神社の鎮座する「臼が峰」に由来する地名であり、「臼が峰」は神の籠り処であるとともに、地域の人々の禊ぎの籠り処であった可能性を指摘している。つまり「宇津ノ谷」と「宇都宮」とが、いずれも籠り所という宗教的な意味を共有していることに意義を見いだそうとしているのである。[1]

　この野本氏の主張は傾聴に値する。だが、たとえそうだとしても、やはり二つの地名の類似性を無視する必要はないだろう。それと同時に、慶龍寺の「略縁起」が江戸時代に作成されたものであることに注目すれば、江戸幕府に対する遠慮があったとも考えられる。と言うのも、宇津ノ谷峠の「素麺地蔵」伝説は追剝や強盗の退治を主眼とするものだからである。東照大権現の鎮座する幕府直轄領たる日光を、追剝、強盗に等しい所業の舞台とすることへの遠慮が、「日光山」の代わりに「野州宇津《(都)》の宮の山奥」という表記を用いさせたのだと思われるのである。

　では、日光山の「素麺地蔵」伝説を、宇津ノ谷峠に伝えたのはどのような人だったのであろうか。氏家町史作成委員会がまとめた『氏家の寺社と信仰』の中では、観応二年（一三五一）の駿河国薩埵山合戦で氏家氏が奮戦したことや、蓮生法師（宇都宮頼綱、正元元年〈一二五九〉没）とその弟の信生法師（塩谷朝業、嘉禎三年〈一二三七〉没）がしばしば宇津ノ谷峠を通過していることを指摘して、それらが氏家の地蔵伝説と宇津ノ谷峠のそれとを結び付けた理由である可能性を示唆している。[2] しかし、これらの事柄は、いずれも「素麵地蔵」伝説の成立や日光山の強飯式の発祥よりも古い可能性があり、その見解を認めることは困難である。そこで、この問題に関しては、もう少し宇津ノ谷峠の地蔵伝説を詳しく考察した後に、改めて論ずることにしたい。

二、宇津ノ谷峠の「食人鬼」伝説

慶龍寺の「略縁起」は、「素麵地蔵」伝説に続いて宇津ノ谷峠の「食人鬼」伝説を語っている。その舞台になったのが、現在岡部町桂島にある曹洞宗谷川山梅林院である。まずは、文政元年（一八一八）に完成した桑原藤泰の『駿河記』の中から、「谷川山梅林院」の項に記録されている同寺の伝承を見てみよう。以下に、その関連箇所を引用する。[3]

当寺旧天台宗にて、今の地より谷奥に入こと一里許《ばかり》。界巖僧以来禅に転じ、其後今の地に伽藍を移す。伝云、往古天台宗の時、住僧某寵愛の児あり。此児同宿の児が生血を好み吸ふ事屢《しばしば》なり。終に鬼童に変じ、寺中の僧俗これ為に喰殺されて寺院退転す。又此鬼童近郷に災をなして里人を悩せり。一雲水僧宇津谷にて此説を聞き、此寺に尋ね来りて一宿す。夜更《ふけ》て件《くだん》の鬼童既に現して敵せむと欲す。時に彼僧密印を結び、法を修し念珠を以て鬼童の頭を撃しかば、鬼絶気して斃《たお》ると云。斯《かく》て其後伽藍再興せしが又中絶す、仍《よって》後世禅曹洞宗に転《てんじ》て伽藍相続す。十一代の祖にあたり山崩あり。諸堂破壊。依て今の地に易地すと。云云。今の世宇津の谷茶店に鬻《ひさ》ぐ十団子は、彼念珠の遺形なりと云。雲水僧は是嶺に坐す地蔵菩薩の慈悲の応化と云伝。此怪談昔伊賀國にもかゝること有しと云ふ。皆里俗伝ふる所古拙の猥談なり。

この記録が伝えているように、梅林院はもと、現在地から東側へ二キロ程山中に入ったところにあったと言われており、その場所を地元では「会《え》下《げん》の段《だん》」と呼んでいる。この「会下」という語は寺院を表す言葉である。ところが、この場所から更に東側の、尾根をはさんだ反対側の斜面にも「会下の段」と呼ばれる場所がある。それ故、梅林院の正確な跡地は特定されていない(4)。

また、同寺がいつ頃の草創であるかも不明だが、古くは天台宗に属していたことが上記の

谷川山梅林院

記録から窺われる。しかし、この寺は後に断絶した。同寺が曹洞宗寺院として復興されたのは長享二年（一四八八）のことであり、その時の開山が界巖繁越和尚である。[5] したがって、天台宗の梅林院が途絶したのは十五世紀の半ば以前ということになる。そして、この途絶の原因とされているのが、食人鬼と化した小僧の伝説であった。この点は、『駿河記』の記録と慶龍寺の「略縁起」が等しく伝えるところである。

この食人鬼伝説のモデルを、私は宇津ノ谷峠に頻出し、殺生をも厭わなかった追剝や強盗ではないかと考える。このような見方は、既に天保六年（一八三五）に没した新庄道雄が『駿河国新風土記』の中で示しているものである。[6] おそらく、かつては宇津ノ谷峠の奥に位置していた梅林院の断絶と、峠に出没したという追剝や強盗の存在とが結びついていて、この伝説は生み出されたものであろう。

ちなみに、慶龍寺の「略縁起」は、梅林院の断絶を「天安年中（八五七―八五九）の事」

と記している。けれども、これは明らかに、次に登場する食人鬼退治が「貞観年中（八五九―八七七）」であることを前提にしている。しかもこの年代は、伝説の中に在原業平（八二五―八八〇）を登場させるために設定されたものである。さらに、伝説中における在原業平の登場が『伊勢物語』の影響であることは論を俟たない。東下りの途中の業平が、「略縁起」の中では「素麵地蔵」を下野国から勧請する役を与えられているのである。

ところで、『駿河記』が伝える伝説は、「是嶺に坐す地蔵菩薩の慈悲の応化」である一雲水が食人鬼を退治したと伝えているけれども、「素麵地蔵」伝説には言及していない。また、地蔵は食人鬼の頭を念珠で撃って鬼を退治したと述べられており、慶龍寺の「略縁起」が伝えるように、地蔵が鬼を砕いて飲み込んだことにはなっていない。そして、この相違点こそが、慶龍寺の「略縁起」が伝える地蔵伝説の特徴であり、峠に祀られた「境神」としての地蔵の性格に関わる箇所である。

慶龍寺の「略縁起」にもとづけば、宇津ノ谷峠に遊歴の僧の姿で現れた「素麵地蔵」は直ちに食人鬼を退治した。この場面をめぐって、特に留意すべき点が二つある。第一は、地蔵が食人鬼をだまして一小丸に化けさせると、その小丸を杖で砕いて飲み込んだことである。これに似た伝説は日本各地に伝えられている。例えば、「三枚の護符」と呼ばれる昔話が全国に残されている。その中の一つの類型として、小僧が三枚の護符を用いながら食人鬼や山姥のもとから逃れてきて、和尚にかくまってもらうというものがある。和尚は追いかけてきた鬼や山姥をだまして豆や味噌に化けるようにしむけ、それを食べてしまう。このような説話の場合、豆や味噌に化けた鬼等を食べるのは、多くの場合、小僧ではなく和尚である。[7] すなわち、修行を積んで験力をより多く備えている者が、鬼等を食べる役割を担っているのである。

しかし、宇津ノ谷峠の説話において、この役回りを演じているのは単なる和尚ではない。それはあらゆるものを食い尽くす日光山の「素麺地蔵」であり、愛宕権現を垂迹とし、「軍陣に臨むに、向う敵なし」と称される勝軍地蔵である。宇津ノ谷峠の食人鬼を退治するためには、それだけ強い験力の持ち主を登場させる必要があったのである。その理由は、この伝説の舞台となったのが他ならぬ宇津ノ谷峠だという点にある。すなわち、そこはあの世に連なる夢の世界と現実の世界との境である。それ故に、たとえ食人鬼のモデルが実在の追剥や強盗であったとしても、ひとたびその伝説が生まれれば、人々はこの食人鬼をあの世に通じた存在とみなし、通常の力では到底太刀打ちできない相手と考えるようになったであろう。しかも、食人鬼が存在する間、あの世とこの世の境において、人々がどちらの世界に属するかを決定する権利は食人鬼に握られている。そうだとすれば、この峠を通行する人々は、当然、あの世への入口が塞がれることを願ったであろう。それ故にこそ、絶対的な力で「境を護る神」として、わざわざ下野国から「素麺地蔵」が勧請されることになったのである。

さて、留意すべき第二の点は、地蔵が食人鬼を退治する際に、「汝を化度」すると語っていることである。つまり、ここでは単なる鬼退治ではなく、悪行を為す鬼を、正道に生まれ変わらせようという意図が込められている。このような立場は、既に『氏家記録伝』の伝える日光山の「素麺地蔵」伝説にも含まれていた。しかし、ここで重要なことは、飲み込む地蔵が特別な験力をもっているばかりではなく、飲み込まれた者も、それによって生まれ清まりを果たすことができる点である。しかも、その舞台となったのが「宇津（ウツ）ノ谷」、すなわち、そこに籠る者の心身を浄化させ、生命力を復活させる生まれ清まりの場所である。それ故、地蔵と宇津ノ谷峠はともに同じ機能を保持していることになる。言い換えれば、宇津ノ谷峠そのものが、飲み込まれた者を生まれ清まらせる地蔵と一体化されていると言うことができるのである。

三、地蔵の遷座と十団子

慶龍寺の「略縁起」によれば、食人鬼を退治した後、「彼野州素麺谷の尊像もまた、道中守護のため此峠にうつらせ玉ふ」と伝えられている。「略縁起」の中で、この「野州素麺谷の尊像」は弘法大師の自作とされている。それ故に、慶龍寺の地蔵は弘法大師の作と言われているのである。しかし実際には、日光山で素麵を食い尽くしたという地蔵は、今も氏家の堂原地蔵堂に祀られている。したがって、「略縁起」の記載に従うならば、宇津ノ谷峠の地蔵は正確には氏家の地蔵の分身と言うべきものである。もっとも、後に触れるように、宇津ノ谷峠の二体の地蔵は、いずれも伝説が日光山から伝えられる以前から、この地に祀られていたと思われる。それ故、地蔵の尊像そのものが、実際に日光山からもたらされたわけではないであろう。

ともあれ、この「略縁起」によるならば、峠に祀られた地蔵はその後も道中安全の守護者として、言い換えれば、あの世とこの世の境において、あの世への入り口を塞ぐ者として往来の者達を守護し続けることになった。同時に、この地蔵は宇津ノ谷峠に鎮座することで、人々に対して生まれ清まりの舞台を提供し続けた。だからこそ、飛騨甚五郎は浅間神社造営にあたり、この地蔵に祈願することで心身を清め、棟梁としての生命力の更新をはかったのである。さらに、地蔵の「霊験のごときハ、雨をいのれば雨忽ちくだり、晴をねがへば天忽ち晴れ、疫病をのぞき、難産をすくひ、盗難火災をふせぎ、旅人をまもらせ玉ふ事、数ふるにいとまなし」と称された。「素麺地蔵」はあらゆるものを食い尽くす特別な験力の持ち主であればこそ、人々はこの地蔵に様々な願い事を託したのである。

軒先の十団子（宇津ノ谷集落にて）

一方、地蔵によって化度された食人鬼は、その後どうなったであろうか。「略縁起」は、食人鬼が退治された後、「今に至て、妖魔《おに》の障りなきのみならず、駅路繁栄の一境となる」と記している。すなわち、鬼は駅路衰退の元凶から一転して、駅路繁栄の要因となったのである。のみならず、一小丸に化けて地蔵に砕かれた鬼は、後に十団子の姿で蘇った。そして、「信心堅固にして是を喰ひ、これを所持せば、道中安全、諸事意のごとくならしめむ」と称される程の縁起物として、人々を守護する存在となった。まさに、食人鬼は地蔵の験力によって生まれ清まりを果たしたのである。

先に引用した『駿河記』の中で、十団子は食人鬼を退治する際に地蔵が用いた「念珠の遺形」と記されていた。しかし、これでは単なる鬼退治の説話にすぎず、鬼の生まれ清まりは成立しない。十団子を化度された鬼の姿とみなすからこそ、宇津ノ谷峠は生まれ清まりの場となり、地蔵はそれを促す存在として霊験を保証されるのである。その意味で、慶龍寺の「略縁起」は『駿河記』の伝える説話よりも完成度の高いものだと言うことができるであろう。

ところで、この十団子については、既に連歌師の宗長が『宗長手記』の大永四年（一五二四）六月の箇所で次のように記している。[8]

　十六日府中。折節夕立して宇［津］の山に雨やとり。此茶屋むかしよりの名物十たんこ（団子）と云。一杓子に十つゝ。かならすめらう（女郎）なとにすくはせ興して。夜に入て着府。

この記録から、十団子が十六世紀初頭には宇津ノ谷の名物として売られていたことが知ら

れる。また、小堀遠州が元和七年（一六二一）に著した『辛酉記行』の中にも、十団子のことが次のように記されている。(9)

そこを行過てうつの山に至りぬ。此里を見れば。白き餅の丸雪のごとく成を器に入て。是め《（召）》せと云。とへばと《（十）》ふ団子迚《とて》此里の名物なりと云。扠《さて》はもろこし《（唐）》より渡りたる餅にやあむなるといふ。さにはあらず。十宛杓によりてと《（十）》を団子とかたる。さらばすくはせよといへば。あるじの女房手づからいひかひ《（飯匙）》とりて。心のまゝにすくふ。是に慰て暮にけれ共。うつの山にかゝる。

この記述からも、当時、十団子が茶店で名物として売られており、それを店の女性達が手ずからすくい取って客に渡していたことが窺われる。

ところが、林羅山が元和二年（一六一六）に著した『癸未紀行』には「餅家多少ノ団、粒々細糸貫ク、山裏若《も》シ暦無ハ、斯ヲ以テ十干ヲ算《かぞえ》ン」と詠まれており、(10)浅井了意が万治三年（一六六〇）頃に著わした『東海道名所記』にも、「坂のあがり口に、茅屋四五十家あり。家ごとに、十団子をうる。其大さ、赤小豆《あずき》バかりにして。麻の緒につなぎ。いにしへハ、十

「岡部宇津谷」図（『方言修行金草鞋』所載、鈴木覚馬著『嶽南史』五より転載）

粒を一連にしける故に。十団子といふならし」と述べられている。[11] こうした種々の記録にもとづいて、鈴木覚馬氏は「十団子につきては、種種説をなすものあり。曰、一説、此頃は、昔の如く掬ひて商ふものあり、又、糸に貫きて商ふものもありしが、漸く掬ふは廃し、糸に貫くこと用ゐられて、寛永（一六二四―一六四四）頃より、全く糸に貫くこととなりしと見ゆ[12]」と解説している。

ただし、こうしたいずれの記録によってみても、十団子が先にあり、後から地蔵伝説が付け加えられたのか、それとも始めに地蔵伝説があり、後から十団子が生まれたのかは定かでない。確かなことは、十団子にまつわる伝説の原形が、『駿河記』の編纂された文政元年（一八一八）までには成立していたことだけである。他方、十団子に関する種々の記録の中に、地蔵による食人鬼退治の伝説が言及されていないことは、むしろ、この伝説が十七世紀前半までには成立していなかった可能性を示唆しているようにも思われる。

さらに、十団子の「十」という数の由来もはっきりとはわからない。地蔵の功徳を説く「十輪経」や、地蔵と同一視された閻魔を含む「十王伝説」との関わりが指摘されている程度である。[13] しかし、そもそもこの十団子の発祥が地蔵伝説の成立よりも古いものであるならば、このような推測は意味を失うことになるだろう。

歌川広重「行書版東海道五拾三次」の「岡部」（部分）（資料提供　三菱東京UFJ銀行貨幣資料館）

ちなみに、現在の十団子は小豆程の小さな団子を十粒ずつ糸に通し、それを九連にしたものである。これは「九十苦離」を表すと言われており、地蔵縁日の八月二三日と二四日に慶龍寺で売られている。ところが、岡部側の坂下地蔵堂では、慶龍寺と同じ日に行われる地蔵縁日の際に、直径二センチ程の団子を十個ずつ竹串に刺し、それを七、八串ずつ並べたものを一対にして地蔵に奉納している（20頁の写真を参照）。

しかも、十返舎一九が文化一〇年（一八一三）から順次刊行した『方言修行金草鞋』の中には、岡部側の茶店で大名行列の奴が串刺しの十団子を食べている絵が描かれており[14]、安藤広重が天保十三年（一八四二）に発表した浮世絵「行書版東海道五拾三次」の「岡部宿」の中にも、同様の風景が描かれている。

のみならず、この二つの絵を注意深く観察すれば、茶店の軒下の竿には十粒程の小さな団子を数珠つなぎにしたものもぶら下がっている。つまり、十九世紀前半頃の岡部宿では、このような二種類の十団子が同時に売られていたと思われるのである。その中から、数珠つなぎの十団子が現在では宇津ノ谷峠の東側の地蔵に伝承され、串刺しのものは西側の地蔵に伝えられた。峠の東西の麓において、形こそ違うけれども十団子の風習が、等しく地蔵に関係するものとして残されていることは興味深い点である。

四、生まれ清まる地蔵伝説

ところで、宇津ノ谷峠には、これまで論じてきたものとは多少異なるもう一つの「素麺地蔵」の伝説が伝えられている。筆者不詳ではあるが、駿府駐在の幕府の役職者が宝永二年

（一七〇五）に著したとされる『駿府巡検記』の中で、坂下地蔵堂について「此地蔵、野州日光山素麺地蔵ト云へり。釈《(錫)》杖片輪ナリ。片輪ハ日光山ニ有トノ由」と記されており、その伝説が次のように記録されている。[15]

昔時、修行ノ僧ノ〇、日光山に赴［キ］、別墅《べっしょ》に至テ素麺ヲ乞へり。彼ノ山ノ例ニテ、乞フ所ノ物ヲシテ責与フ。然《しかる》ニ彼僧、素麺ヲ乞へり。衆、挙《あげ》テ是ヲ与フルニ、倦《うむ》事ナク、却《かえっ》テ素麺ヲ乞ヒ、与ヘテ僧《(ママ)》。於是《これにおい》テ、衆、皆怪《あやしく》思へり。時ニ僧曰ク、我者《は》是、駿州宇都谷ノ麓ニ住リ。衆、重て彼《かの》道ヲ通《とおら》ハ、吾庵ヲ可尋《たずぬべし》。是ヲシテ後日ノ証トスヘシトテ、所持［スル］釈《(錫)》杖、半輪割《さ》キ与ヘテ皈《かえ》ル。衆、甚怪《あやしく》思ヒ、不日、此ニ来テ尋ルニ、庵更ニナク、只、延命地蔵ノ立玉《たまえ》ルノミ。彼持玉《もちたま》ヘル所の釈《(錫)》杖、半輪ナリ。於是《これにおいて》、益《ますます》怪ミテ、先ニ僧ノ与ヘタル釈《(錫)》杖ノ半輪ヲ為証《あかしのため》携《たずさえ》来ルガ故、彼《かの》半輪ト是ヲ合スルニ、分厘モ無差違《たがいなし》。此時察スルニ、先ニ素麺ヲ乞ヘルハ、此《この》地蔵ナルコトヲ。是ヨリシテ此《この》本尊ヲ、世俗ニ素麺地蔵ト名ツクルナリ。釈《(錫)》杖半輪、今ニ此本尊持玉《たま》ヘルトナリ。又半輪者《は》、今ニ日光山ニ有ト伝ナリ。

現在、坂下地蔵堂の地蔵の錫杖は完全な形をしている。けれども、これは後年、補修を行ったためであろう。この記録によれば、当時、この地蔵の錫杖の金輪は、半分欠けた状態になっていたことが窺われる。そして、その理由として語られているのが「素麵地蔵」の伝説である。

この伝説が、日光山の「素麵地蔵」伝説を簡略化し、その内容に改変を加えたものであることは明らかである。しかも、伝説の舞台を「野州日光山」の「別墅《べっしょ》」としていることは、むしろ慶龍寺の「略縁起」よりも日光山の「素麵地蔵」伝説に忠実である。このことは、食責めを行うことが「実に人をおひおとすにひとし」い行為としてではなく、「彼ノ山ノ例」として語られていることと関係があるだろう。つまり、この伝説においては江戸幕府に対して遠慮をする必要がなかったのである。

だが、そのこと以上にこの伝説の大きな特徴は、主人公の地蔵が始めから宇津ノ谷峠のものであり、たまたま日光山を訪れた旅の僧として描かれていることである。これは、宇津ノ谷峠の地蔵を「客人神」の立場から、「土着神」として定着させようとした試みとみなすことができる。

けれども、かえってそのために、この地蔵はあえて日光山で素麵を食べるべき積極的な理由を失った。それ故、地蔵は日光山で意趣返しを行う必要も、さらには、強欲な住人達に勧善懲悪の説教を行う必要もなくなった。その結果、この伝説は単なる大食漢の地蔵の話と、遠隔の地に現れた地蔵が、自己の身元を示すために金輪の半分を置いてきたという、神秘的な要素を含むだけのものになってしまっている。のみならず、この説話の中では生まれ清まりを促す「宇津（ウツ）ノ谷」峠の地蔵という性格さえをも備えてはいない。他所で生まれた地蔵伝説の強引な在地化が、結果的には本来の説話が持っていた意味や迫力を失わせることになったのである。

しかしながら、『駿府巡検記』に記されたこの伝説は、日光山の「素麵地蔵」伝説が宇津ノ谷峠に伝えられた時期について重要な示唆を与えてくれる。すなわち、宝永二年（一七〇五）にこの伝説が坂下地蔵堂で語られていたということは、日光山の伝説が、遅くとも十七世紀の末頃までには宇津ノ谷峠に伝えられていたことを示している。

そして、この伝説を宇津ノ谷峠に伝えた人の候補としては、明確な根拠があるわけではないけれども、日光山に関わりのある修験者を想定することができるのではないだろうか。古代末期から中世にかけて、地蔵信仰が急速に全国各地に普及していく過程で、修験者が大きな役割を果たした可能性を田中久雄氏が指摘している[16]。また、羽黒修験で名高い羽黒山の中台滝に、十八世紀の初頭には「素麺不動」の伝説が成立していたこと、及び、地蔵と不動を一体のものとみなす信仰が存在したであろうことは先に触れた通りである。こうした事柄は、日光山における「素麺地蔵」伝説が、修験者達によって他の地方に伝播された可能性を示す一つの証左になり得るであろう。

　のみならず、東海道上に位置する宇津ノ谷峠は様々な人々が往来した。その中に、日光山に関係する修験者が含まれていたとしても不思議ではない。しかも、駿府の町には江戸幕府が庇護した浅間神社が鎮座しており、その管理には日光山と同じく天台宗の僧侶達が関わっていた。加えて、駿河国には久能山東照宮も祀られている。こうした事情を考慮すれば、この地が修験道の聖地でもある日光山と、浅からぬつながりをもっていたであろうことは想像に難くないのである。

　だが、その一方で、慶龍寺の地蔵の由来に関しては、既に第一章で引用したように、元禄十六年（一七〇三）の『駿府巡検帳』の中に、「右ノ地蔵堂ノ来歴尋ルト云ヘトモ更不詳」と記されていた。このことは、慶龍寺の地蔵の伝説が、この段階では未だ成立していなかったことを物語っている。加えて、慶龍寺の「略縁起」の中で、地蔵は「野州宇津《（都）》の宮の山奥」の人々に勧善懲悪の説教を行っていた。この点は、先述のとおり『氏家記録伝』（一七二三以前成立）とは共通しているが、『那須記』（一六七六成立）や『下野風土記』（一六八八成立）には含まれていない要素である。それ故、慶龍寺の「素麺地蔵」伝説は、勧善懲悪の要素が日光山の「素麺地蔵」伝説に加えられた十八世紀の中頃以降に、改めて宇津ノ谷峠に伝えられたと考えられるのではないだろうか。

ただ、ここで奇妙なことは、各寺社の縁起や伝説を数多く収録している『駿河記』（一八一八成立）や『駿河国新風土記』（一八三五以前成立）、『駿国雑志』（一八四三成立）等という、江戸時代に作成された駿河国の代表的な地誌の中で、慶龍寺の地蔵、すなわち「峠の地蔵」に関する項目では、その由来等がまったく言及されていないことである。

「素麺地蔵」伝説は、先に述べたとおり坂下地蔵堂に関する説話として宝永二年（一七〇五）に『駿府巡検記』に収載された。その後、寛政九年（一七九七）には松平定常の日記である『駿河めぐり』にも坂下地蔵堂の伝説として再録されており、[17] さらには天保十四年（一八四三）の『駿国雑志』にもほぼ同じ文面のまま、坂下地蔵堂の伝承として記録されている。[18]

一方、十団子にまつわる食人鬼退治の伝説は、『駿河記』では梅林院の伝説として掲載されている。それに対して、慶龍寺、もしくは宇津ノ谷峠の地蔵堂に伝わる伝説の記録は、管見では慶龍寺の「略縁起」しか存在しないのである。

これらの事柄を総合すれば、慶龍寺の「略縁起」に記されている伝説は、十九世紀の中頃に、元来は坂下地蔵堂にまつわる「素麵地蔵」伝説と、梅林院に伝わる「食人鬼」伝説とを結び付けることで成立したと考えた方が妥当かもしれない。のみならず、「略縁起」に記された伝説は、「略縁起」を著した者自身によって作り出された可能性さえもあるだろう。

江戸時代の後期には、数多くの民衆が寺社の参詣をかねて各地へ物見遊山の旅に出かけるようになった。それと同時に、十返舎一九の『東海道中膝栗毛』(一八〇二—一八〇九刊行)に代表される紀行文学や、歌川広重の「東海道五拾三次」(保永堂版、一八三四)のような浮世絵を通して、各地の名所旧跡と、そこに伝わる名物等が世に知られるようになった。そうした動きの中で、生まれ清まりをもたらす場所としての宇津ノ谷峠の名を高め、同時に、この地に古くから伝わる名物の十団子を広めるために、慶龍寺の「略縁起」は生み出されたと思われるのである。そして、そのためには、宇津ノ谷峠を文学の世界において著名なものにしている『伊勢物語』を利用することは、むしろ当然の成り行きであっただろう。

この「略縁起」を作成するにあたり、その作者は、坂下地蔵堂で語られていた「素麵地蔵」伝説が元来は「野州日光山」のものであったことに着目し、日光山の「素麵地蔵」伝説を改めて忠実な形で宇津ノ谷峠に持ち帰ったと思われる。それによって、慶龍寺の地蔵はあらゆるものを食い尽くす特別な験力の持ち主であるともに、「軍陣に臨むに、向う敵なし」と称される勝軍地蔵であるという性格が付与された。その上で、かつては宇津ノ谷峠の奥に位置しながら、今では峠から離れた場所に移転してしまった梅林院に伝わる食人鬼退治の伝説を、新たに「素麵地蔵」伝説と結び付けることで、再び宇津ノ谷峠の物語として里帰りさせたのである。

そして、このような試みを成功させた最大の要因は、あの世とこの世の境界であり、それ故に、あらゆる者に生まれ清まりをもたらす「宇津（ウツ）ノ谷」峠に鎮座する地蔵に対する人々の信仰だったのではないだろうか。慶龍寺の地蔵は、峠の地蔵堂に祀られていた当時から、多くの人々の尊崇を集めていた。このことは、桑原藤泰が文化八年（一八一一）に著した『有渡郡紀行』の中で、峠の地蔵堂に関して、「毎歳七月二四日は本寺（慶龍寺）の和尚登山して施餓鬼会を修行せられける。よべより近郷の里民群賽せしなり。霊験もあらたにましまず也」と記していることから窺われる。(19) また、第一章で紹介した小西家旧蔵文書が示しているように、地蔵堂の開帳が既に十八世紀の前半には繰り返し行われていたことからも推測され得ることである。

かくして、慶龍寺の「略縁起」は日光山の「素麵地蔵」伝説を受け継ぎながら、その中に新たな要素を付加し、宇津ノ谷峠に特有の宗教的な意味付けを与えることに成功した。言い換えれば、それは地蔵伝説そのものの生まれ清まりを実現させたと言うことができるのである。

第四章　宇津ノ谷峠と地蔵信仰

一、宇津ノ谷峠に伝わる他の地蔵伝説

宇津ノ谷峠に祀られている二体の地蔵に関しては、これまで論じてきた「素麺地蔵」伝説の他にも、少なくとも三つの伝説が伝えられている。

その中の一つは、地蔵が子供の死を予言するもので、春田鐵雄氏が地元の古老から採取した話として、自著の『蔦の細道物語』の中に記録している。[1] それによれば、ある旅人が峠の地蔵堂で一晩を明かすことにした。旅人が夜更けにふと目覚めると、お堂の中で話し声が聞こえてくる。のぞいてみると、そこには坂下の地蔵が訪ねてきており、二体の地蔵がこのような話をしていた。「あの子もかわいそうだ。せっかく生まれてきたのに、間もなく金物に当たって死んでしまうからね。」「そうだね。金物に当たってね。」「かわいそうだけれども、何もしてあげられないね。」そこまで聞いた後、旅人は再び寝てしまった。翌年、この旅人

がまた宇津ノ谷の地を通りかかると、ある農家で葬式を行っていた。子細を聞くと、生まれたばかりの赤ん坊の頭上に金槌が落ちてきて、その赤ん坊が死んでしまったという。それを聞いて、旅人は一年前の地蔵堂での出来事を思い出したという。

この話によれば、慶龍寺の地蔵と坂下地蔵堂の地蔵は別々の存在だということになる。同時にこの話は、地蔵達が人間の生死を自由に操作することはできないけれども、それを予知する能力をもっていることを窺わせる。このことは、地蔵があの世とこの世の境に位置することを改めて物語っている。

慶龍寺の賽の河原

しかも、慶龍寺と坂下地蔵堂の境内には、それぞれ「賽の河原」と呼ばれる場所があり、そこには古い石塔等が並べられている。慶龍寺住職、加藤泰通師によれば、今も人知れず「賽の河原」を訪れて、花束や地蔵尊像等を奉納して行く人がいるという。また、八月二三日と二四日の地蔵縁日の際には、慶龍寺と坂下地蔵堂のそれぞれに、過去一年間に亡くなった人の遺族が初盆供養のために近在から訪れる。この参詣の人々のために、宇津ノ谷峠の東西の麓では地元の人々が接待に明け暮れた。慶龍寺においても、今でこそ僧侶が読経を行っているが、かつては地元の若者達が念仏を唱和していたという。また、子供達による花売りの伝統は、今も絶えることなく受け継がれている。(2) 現代においても、宇津ノ谷峠はあの世とこの世の境としての性格を色濃く残しており、この峠に鎮座する二体の地蔵は、あの世における救済をもたらす存在として人々の信仰を集めているのである。

花売りの子供達（慶龍寺縁日にて）

それに対して、他の二つの伝説は、いずれも坂下地蔵堂の地蔵にまつわるものであり、一つは「鼻取地蔵」として、もう一つは「稲刈地蔵」として知られている。

「鼻取地蔵」の伝説は、一日の農作業を終えたお百姓が家に帰る途中で、連れていた牛が急に動かなくなってしまった。お百姓が困っていると、一人の子供が現れて牛の鼻を取り、楽々とひいていった。ところが、お百姓が目を離したすきに、子供は姿を消してしまった。残っ

ていた足跡をたどると、地蔵堂の中で消えていたというものである。(3)

別の伝承によれば、ある農家で田植えの時期に人手が足りなくて困っていると、見慣れない子供が現れて、馬の鼻を引っ張って手伝ってくれた。けれども、昼飯時になると、子供の姿が見当たらない。翌日、田植えが早く終わったので、その家の主人が地蔵堂にお礼参りに行くと、地蔵の足が泥まみれになっていたという。(4)

このような「鼻取地蔵」伝説は、全国に数多く残されており、宇津ノ谷峠に特徴的なものではない。例えば、静岡県内では三島市にある時宗の南朝山光安寺等に同様の伝説が残されている。(5)

一方、「稲刈地蔵」伝説は、ある年、宇津ノ谷峠に程近い横添村に住む一人の信心深い若者が、稲刈りの後で仲間と伊勢参りに行くことになっていた。出発の前日までに稲刈りが終わらなかったが、翌朝起きてみると、稲はすべて刈り取られていたという。さらに、伊勢参りの道中、府中（現在の静岡市葵区）から来たという青年がこの若者に親切にしてくれた。伊勢から帰った後で、若者がこの青年を府中へ送って行こうとすると、青年は坂下地蔵堂に入って姿を消したという。(6)

この伝説も、地蔵が農民達の仕事を手助けしてくれるというものであり、「鼻取地蔵」伝説と同様、類話が各地に伝えられている。もっとも、伊勢参りが民衆の間に広まったのは江戸時代の中頃以降であったと思われる。そうだとすれば、この伝説もそれ以後に成立したものであろう。

ただ、いずれにせよ、こうした伝説が複数残されているということは、坂下地蔵堂の地蔵が農民達の篤い信仰を集めていたことの証しである。やがて、近在の農民達の間には、願い事があるとこの地蔵に鎌を供える習慣が生まれた。この習慣の存在は、既に宝永二年（一七〇五）の『駿府巡見記』にも記されており[7]、地蔵堂の中には、今も江戸時代に奉納された木製の鎌や、鎌を描いた絵馬等が残されている。

坂下地蔵堂に奉納された鎌の絵馬

このように、坂下地蔵堂の地蔵は農民達の守護者としての性格を強くもっている。このことは、慶龍寺の地蔵が生まれ清まりをもたらす存在として、また、主として道中安全と災厄除けの祈願の対象とされていたことと対照的である。いわば、この二体の地蔵はそれぞれ役割を分担することによって、宇津ノ谷峠とその周辺の村落を護る機能を果たしている。その意味で、二体の地蔵は互いに相手の存在を必要とする相補的な関係にあると言うことができるのである。

二、「素麺地蔵」伝説翻案の意義

これまで見てきたように、宇津ノ谷峠の二体の地蔵をめぐっては幾つかの伝説が残されている。その中でも、峠の地蔵、言い換えれば「境を護る神」としての性格を最も明確に示しているのは、素麺地蔵による食人鬼退治の伝説であろう。

しかし、この伝説の中には「素麺地蔵」と「食人鬼退治」という、一見するとまったく関係のない二つの伝説が含まれている。従来は、その両者の関係について十分な解明が行われてこなかった。のみならず、これまでは「宇津ノ谷」と「宇津《都》の宮」の名前の類似ばかりが注目を集め、「素麺地蔵」伝説が「野州宇津《都》の宮の山奥」を舞台としている理由には注意が向けられてこなかったのである。

そこで、本書ではまず始めに下野国、現在の栃木県の「素麺地蔵」伝説を紹介することで、宇津ノ谷峠の「素麺地蔵」伝説の中に「野州宇津（都）の宮の山奥」が登場する理由を明らかにした。その上で、二つの「素麺地蔵」伝説を比較することによって、宇津ノ谷峠の伝説が下野国のそれを忠実に継承しながらも、必要に応じて改変していることを確認した。さらに、宇津ノ谷峠に出没する食人鬼を退治するために、特別な験力をもつ「素麺地蔵」を頼らねばならなかった理由を示し、あわせて、この食人鬼が「素麺地蔵」によって峠の守護者として生まれ変わる理由を考察した。つまり、宇津ノ谷峠の「素麺地蔵」はあらゆる者に生まれ清まりをもたらす存在であるという、下野国の「素麺地蔵」がもっていなかった性格を獲得したのである。さらにこの地蔵は、あらゆる者がその場所に籠ることによって生まれ清まりをはたす「宇津（ウツ）ノ谷」峠そのものと一体化することで、この土地への定着化を果たしたのである。

　本書ではまた、下野国の「素麺地蔵」伝説が既に十七世紀の末頃までには宇津ノ谷峠に伝えられ、それが坂下地蔵堂にまつわる説話として利用されていたことを紹介した。しかし、そこでは未だあらゆる者に生まれ清まりをもたらす地蔵の験力は保証されていなかった。十九世紀の中頃、すなわち江戸時代の末頃に、改めて下野国の「素麺地蔵」伝説が忠実な形で伝えられ、そこに食人鬼退治の伝説が結び付けられることにより、慶龍寺の「略縁起」は新

地蔵開帳の日の慶龍寺
（平成17年８月23日撮影）

たに成立したと推定されるのである。しかし、そのような新しい伝説を生み出し、それを定着させることができたのは、他ならぬ慶龍寺の地蔵自身が霊験あらたかな存在として、それ以前から人々の篤い信仰を集めていたからである。

　伝説の翻案は全国各地に数多く存在する。しかし、その全てが常に成功しているとは限らない。そうした中で、慶龍寺の「略縁起」は他所からもたらされた伝説を基盤としながらも、その中にこの土地独自の宗教的、歴史的、さらには文学的な要素を盛り込んで、しかもそれらが破綻することなく見事に一つの伝説としてまとめあげられている。のみならず、この伝説が生まれ清まることによって、宇津ノ谷峠そのものが、古来伝えられてきた生まれ清まりの場としての地位を改めて保証されることになった。そうした意味において、この伝説の翻案は、単に地蔵の縁起と御利益を説くにとどまらない大きな意味をもっていた。さればこそ、宇津ノ谷峠の地蔵尊とそれにまつわる伝説は、今日もなお人々をひきつけてやまない魅力と霊験とを保ち続けていると言うことができるのである。

［本文注］
第一章
1 宇津ノ谷峠については、主に春田鐵雄『続改定 丸子路を歩く』（自費出版、一九七三）、同『蔦の細道物語』（郷土「鞠子」を愛する会、一九七五）、同『新・丸子路考』（静岡谷島屋、一九八三）、建設省静岡国道工事事務所監修『東海道宇津ノ谷峠―道に咲いた文化―』（東海道弥次喜多研究会、一九九三）を参考にした。
2 秋里籬島『東海道名所図絵』（粕谷宏紀監修『新訂東海道名所図会［中］』新訂日本名所図絵集二、ぺりかん社、二〇〇一）二八一頁。
3『吾妻鏡』第十九（黒坂勝美編『新訂増補国史大系』三二、吉川弘文館、一九六四）六五一頁。
4 河竹默阿弥「蔦紅葉宇都谷峠」（河竹登志夫編著『蔦紅葉宇都谷峠 青砥稿花紅彩画』歌舞伎オン・ステージ一、白水社、一九九三）一四一―一四二頁。
5『伊勢物語』（堀内秀晃、秋山虔校注『竹取物語 伊勢物語』新日本古典文学大系十七、岩波書店、一九九七）八八頁。
6 野本寛一「峠の信仰と文学―古代駿河編―」（『地方史静岡』四、一九七四）六六頁。なお、この箇所の記述は同論文の六五―八一頁を参考にした。
7 浅井了意『東海道名所記』（浅倉治彦校注『東海道名所記』一、平凡社東洋文庫、一九七九）二〇三頁。
8 秋里前掲書『東海道名所図絵』（本章注2）二八一―二八四頁。
9 以上、野本前掲論文「峠の信仰と文学」（本章注6）六八頁による。
10 柳田國男「賽の河原の話」（『定本柳田國男集』二七、筑摩書房、一九七〇）二八〇―二八一頁。
11 柳田國男「地蔵木」（『定本柳田國男集』十一、筑摩書房、一九六九）一四七―一五一頁。その他、同「石神問答」（『定本柳田國男集』十二、筑摩書房、一九六九）や、和歌森太郎「地蔵信仰について」（桜井徳太郎編『地蔵信仰』、民衆宗教史叢書第十巻、雄山閣出版、一九八三）を参考にした。
12 『岡部町誌』（岡部町、一九一二、静岡県立中央図書館所蔵本）。
13 坂下地蔵堂については春田前掲書『蔦の細道物語』（本章注1）五二―六〇頁も参照。
14 「小西家旧蔵文書」（『静岡市史・近世史料三』静岡市役所編・発行、一九七六）九六―一六六頁。
15 三嶋清左衛門『駿府巡検帳』（静岡市立図書館所蔵本）六七―六八頁。ただし、私が参照したものは、享保十五年（一七三〇）に春田直賢が筆写したものの複写本である。
16 地蔵堂跡の案内板（静岡市教育委員会）を参考にした。ただし、この案内板では、五メートル四方の地蔵堂の建立は十八世紀の末頃と推定されている。
17 児玉幸多監修『東海道分間延絵図八　岡部・藤枝・田中城・嶋田』（東京美術、一九八〇）を参照。
18 桑原藤泰『駿河記』（足立鍬太郎校訂『駿河記』臨川書店、一九七四）上巻、二七七頁。
19 桑原黙齋（藤泰）『有渡郡紀行』（『波摩都豆良　志太紀行　有渡紀行』駿河叢書第十一編、静岡志豆波多會編・発行、一九三四）二五頁。
20 春田前掲書『蔦の細道物語』（本章注1）七九頁、建設省静岡国道工事事務所前掲書『東海道宇津ノ谷峠』（本章注1）五九頁による。なお、地蔵遷座の年は慶龍寺の記録による。
21 以下の文中の（　）内に底本の頁数を示す。翻刻にあたっては、〈　〉内の見出しと句読点を新たに付した。

第二章
1 氏家町史作成委員会編『氏家の寺社と信仰』（氏家町史別冊、氏家町、一九九四）一一頁。
2 大金重貞『那須記』（栃木県史編さん委員会編『栃木県史　史料編・中世五』栃木県、一九七六）二八一―二八六頁。
3 『氏家記録伝』（栃木県立図書館所蔵本）二頁。ただし、私が参照したものは、荒巻三郎衛門信瑞が作成した写本を、昭和二八年（一九五三）に荒川祐海師が筆写し、さらにそれを同年、中津原直一氏が改めて筆写したものの複写本である。

4 『氏家記録伝』（本章注3）四―九頁。

5 大金前掲書『那須記』（本章注2）二八一―二八二頁。

6 『氏家記録伝』（本章注3）一三頁。

7 原本筆者未見。速水侑『地蔵信仰』（はなわ新書、一九七五）一三四頁による。なお、この引用文中に引用されている『蓮華三昧経』は、現存する同名の経典とは異なるものであり、その全容は明らかでない。速水氏はこの経典も十五世紀初めに我が国で作成されたものではないかと推測している（同書、一三八頁）。

8 虎関師錬『元亨釈書』巻九（黒板勝美編『新訂増補国史大系』三一、吉川弘文館、一九六五）一四〇頁。

9 『今昔物語集』巻十七より「地蔵菩薩、変小僧形受箭語《こぞうのかたちにへんじてやをうくること》 第三」（小峯和明校注『今昔物語集四』新日本古典文学大系三六、岩波書店、一九九四）八―九頁。

10 速水前掲書『地蔵信仰』（本章注7）一三八―一三九頁。

11 大金前掲書『那須記』（本章注2）二八二頁。

12 『氏家記録伝』（本章注3）七頁。なお、漢文の原文を引用者が書き下した。以下同じ。

13 『今昔物語集』巻十三より「東大寺僧仁鏡、読誦法花語《ほくゑをどくじゅせること》 第十五」（池上洵一校注『今昔物語集三』新日本古典文学大系三五、岩波書店、一九九三）二二八頁。

14 中川喜雲『京童』巻六より「あたご」(竹村俊則編『日本名所風俗図絵七　京都の巻一』角川書店、一九七九)五三頁。
15『愛宕地蔵之物語』(承応刊本)(横山重、松本隆信編『室町時代物語大成　第一』角川書店、一九七三)五二四頁。

16『愛宕地蔵物語』(仮題)(横山、松本編前掲書『室町時代物語大成　第一』、本章注15)四五六—四九一頁。なお、同書の編者も解題の中で、この筆写本は「未だ愛宕地蔵の本地の形をとるより前の古体を見せているものと思われる」と述べている(同書、四五六頁)。
17 大金前掲書『那須記』(本章注2)二八五—二八六頁、『氏家記録伝』(本章注3)一三—一四頁。
18 氏家町史作成委員会編前掲書『氏家の寺社と信仰』(本章注1)一四—一五頁。
19 大金前掲書『那須記』(本章注2)二八四—二八五頁。
20『下野風土記』(佐藤行哉校訂『下野風土記』栃木県郷土文化研究会、一九五八)四九—五〇頁。

21『氏家記録伝』(本章注3)一七—一八頁。書き下しにあたっては、原本に記載の返り点や送り仮名の一部を独自に改めるとともに、適宜送り仮名を補った。

22「死亡した」という解釈は、『那須記』『下野風土記』にもとづくものである。
23 鷹橋義武『日光名跡誌』(鷹橋治郎左衛門板元、享保十三年〈一七二八〉)二四丁。
24 植田孟縉『日光山志』(鈴木棠三編『日本名所風俗図絵二　関東の巻』角川書店、一九八〇)三三頁。

25 いずれも菅原信海校注『神道大系　神社編三十一　日光・二荒山』（神道大系編纂会、一九八五）に所収。

26 植田前掲書『日光山志』（本章注24）二六頁。

27 鷹橋前掲書『日光名跡誌』（本章注23）二三―二四丁。

28 小暮某「強飯式　附生岡神社強飯式」（『日光山輪王寺』一九、一九六三）三二頁。

29 日光市史編さん委員会編『日光市史』下（日光市、一九七九）一一九四頁。

30 藤井萬喜太「日光山の強飯式」（『旅と傳説』九（十二）、一九三六）三五頁。

31 貝原益軒『日光名勝記』。ちなみに、藤井氏の引用箇所は、私が参照した益軒会編『益軒全集』七（国書刊行会、一九七三）所載の『日光名勝記』二一九頁に該当するが、本稿で引用した当該部分は同書に記載されていない。それ故、本稿における引用は藤井前掲論文「日光山の強飯式」（本章注30）三三頁によった。ただし、藤井氏は出典を『東路之記』と記している。

32 柏崎永以『古今沿革考』（日本随筆大成編輯部編『日本随筆大成』第一期十七、吉川弘文館、一九七六）四三頁。

33 藤井前掲論文「日光山の強飯式」（本章注30）三三頁。

34 大島建彦他編『日本を知る事典』（社会思想社、一九七一）三三二―三三三頁。

35　日光山の珍物の四品については、網野宥俊「江戸時代の強飯式」（『日光山輪王寺』八、一九五七）六頁を参照。なお、藤井前掲論文「日光山の強飯式」（本章注30）三二頁によれば、江戸時代の強飯式ではこの四品の他に「瀧尾の青山椒」を加えた「五辛」が与えられたとされている。

36　栃木県教育委員会事務局文化財課のホームページの情報による（http://www.tochigi-c.ed.jp/bunkazai/1332003.htm　二〇〇七年七月現在）。

37　菅原信海『日本人の神と仏―日光山の信仰と歴史―』（法蔵館、二〇〇一）二一六頁。

38　福原敏男『神仏の表象と儀礼―オハケと強飯式―』（歴博ブックレット二三、歴史民俗博物館振興会、二〇〇三）五九―六七頁。

39　日本国語大辞典第二版編集委員会編『日本国語大辞典第二版』五（小学館、二〇〇一）四一九頁。

40　久野俊彦「素麺地蔵の説話と日光責め」（『下野民俗』三五、一九九五）。

41　以下の記述では、市毛弘子「索餅の起源と用いられ方、および索餅から索麺への変遷過程　古代・中世・近世」（芳賀登、石川寛子監修『全集　日本の食文化』三（米・麦・雑穀・豆）雄山閣、一九九八）を参考にした。

42　『今昔物語集』巻十九より「寺別当許麦縄《てらのべつたうのもとのむぎなは》、成蛇語《へみとなること》　第二十一」（小峯校注前掲書『今昔物語集四』、本章注9）一七三―一七四頁。

43 原本筆者未見。市毛前掲論文「索餅の起源と用いられ方、および索餅から索麵への変遷過程古代・中世・近世」（本章注41）一一九頁による。
44 この点については、一例として本章注番号24の引用文を参照。
45 東水選述『三山雅集』（浅倉治彦編『日本名所風俗図絵一　奥州・北陸の巻』角川書店、一九八七）一三五頁。
46 無住国師『沙石集』（渡邊綱也校注『沙石集』日本古典文学大系八五、岩波書店、一九六六）一〇五頁。
47 東水選述前掲書『三山雅集』（本章注45）一三五頁。
48 植田前掲書『日光山志』（本章注24）六二頁、『全国寺院名鑑　東北・関東・中部』（全日本仏教会寺院名鑑刊行会編・発行、一九六九）栃木県一〇頁。あわせて、日光山清滝寺で伺ったお話を参考にした。
49 富士正晴『日本の地蔵』（毎日新聞社、一九七四）一六五頁。あわせて、長久山千手院で伺ったお話を参考にした。
50 吉井山真福寺で伺ったお話による。
51 加茂元善編『浦賀誌録』（一九〇九、横須賀市立図書館所蔵本）一〇三頁。
52 植田前掲書『日光山志』（本章注24）三二頁。

第三章

1　野本前掲論文「峠の信仰と文学」（第一章注6）八〇頁による。ちなみに、同氏は日光山の「素麺地蔵」伝説には言及していない。
2　氏家町史作成委員会編前掲書『氏家の寺社と信仰』（第二章注1）一三頁。
3　桑原前掲書『駿河記』（第一章注18）上巻、六八一頁。
4　建設省静岡国道工事事務所前掲書『東海道宇津ノ谷峠』（第一章注1）一二一―一二三頁。
5　柴田芳憲『藤枝・岡部・大井川の寺院』（藤枝志太仏教会、一九九八）一八―二〇頁。なお、同書一八頁によれば、梅林院の前身を真言宗とする伝承もあるようである。ちなみに、梅林院は明治十五年（一八八二）の火災で古記録を失っているため、詳しい寺歴等は不明である。
6　新庄道雄『駿河国新風土記』（足立鍬太郎修訂『修訂駿河国新風土記』国書刊行会、一九七五）上巻、三二〇頁。
7　関敬吾『日本昔話大成』六（角川書店、一九七八）一三二―一五七頁を参考にした。
8　宗長『宗長手記』（塙保己一編『群書類従』十八、訂正三版、続群書類従完成会、一九五九）二七七頁。
9　小堀遠州『辛酉記行』（塙保己一編『続群書類従』十八下、訂正三版、続群書類従完成会、一九五七）一二九八―一二九九頁。

10 林羅山『癸未紀行』（富士川英郎、佐野正巳編『紀行日本漢詩』一、汲古書院、一九九一）二八頁。漢詩体の原文を引用者が書き下し文に改めた。
11 浅井前掲書『東海道名所記』（第一章注7）二〇三頁。
12 鈴木覚馬『嶽南史』五（名著出版、一九七三）一〇二頁。（ ）内は引用者。
13 建設省静岡国道工事事務所前掲書『東海道宇津ノ谷峠』（第一章注1）一二〇―一二一頁。
14 この絵は、鈴木前掲書『嶽南史』五（本章注12）一〇二頁に掲載されている。
15 『駿府巡検記』（静岡県立中央図書館所蔵本）頁記載なし。ただし、私が参照したものは、原本を某氏が明和六年に筆写し、さらにそれを昭和初期に静岡市史編纂掛が「静岡市史編纂史料」として筆写したものの複写本である。なお、この写本の中には、明和六年の筆写時に加筆されたと思われる記載が数カ所存在する。
16 田中久雄「地蔵信仰の伝播者の問題―『沙石集』『今昔物語集』の世界―」（桜井編前掲書『地蔵信仰』、第一章注11）。
17 松平定常『駿河めぐり』（静岡市役所企画部文書課編『静岡市史　史料第一集』静岡市役所、一九六五）八八―八九頁。
18 阿部正信『駿国雑志』（中川芳雄他編『駿国雑志』吉見書店、一九七七）二巻、一八六―一八七頁。

19　桑原前掲書『有渡郡紀行』（第一章注19）二六頁。

第四章

1　春田前掲書『蔦の細道物語』（第一章注1）二三九―二四一頁。
2　慶龍寺の地蔵縁日の様子については、春田前掲書『蔦の細道物語』（第一章注1）八六―八九頁、二四三―二四五頁、建設省静岡国道工事事務所前掲書『東海道宇津ノ谷峠』（第一章注1）一六四―一六七頁が詳しい。
3　岡部町教育委員会編『岡部のむかし話』（再版、岡部町教育委員会、一九九五）九―一〇頁。
4　尾崎邦二郎「地蔵風土記」（小川龍彦他著『ふるさと百話』四、静岡新聞社、一九七二）一二〇―一二二頁。
5　土屋寿山、稲木久男『ふるさと三島―歴史と人情の町―』（文盛堂書店、一九八九）八五―八六頁を参照。
6　岡部町教育委員会編前掲書『岡部のむかし話』（本章注3）四―六頁。
7　『駿府巡見記』（第三章注15）頁記載なし。

付録　駿河一国百地蔵尊について

駿河一国百地蔵尊は、昭和七年（一九三二）に、静岡市の曹洞宗顕光院住職、加藤道順師が中心になって制定した巡礼路である。大房暁著『西駿曹洞宗史』第二巻（久遠山成道寺、一九六一）によれば、加藤師は「一般に地蔵尊の信仰があついけれども、個々の存在であって一連の関係がない。由緒ある地蔵尊をまとめて巡拝するようすがと」しようと考えて、この巡礼路を策定したという。この巡礼路を制定するにあたり、加藤師はそれぞれの地蔵尊の御詠歌を定め、『駿河一国百地蔵菩薩御詠歌』を刊行した。

しかしながら、第二次世界大戦の空襲等でいくつかの地蔵尊像が焼失し、さらには戦後の混乱の中で、この巡礼路の存在は次第に人々から忘れられたものになった。現在では、一部の寺院の山門等に、当時各札所に配付された「駿河一国百地蔵尊第〇〇番」という標識と、御詠歌の額が掲げられているのみである。

本書で取り上げた宇津ノ谷峠の東西に祀られている地蔵達、すなわち、慶龍寺と坂下地蔵堂の地蔵は、それぞれこの巡礼路の第十五番と第十六番の札所である。そこで、本書の付録として、全ての札所の所在地を掲載し、この巡礼路を改めて紹介したいと考えた。

筆者は現在、それぞれの札所の現況と、各地蔵尊の由来等を調査中である。その結果、現在では地蔵が不座の札所や地蔵堂そのものが消滅した札所、あるいは、地蔵の固有名称が変更された札所等も存在することが判明している。けれども、今だ調査の途中であり、全ての札所について最新の情報を提示することができない。

そのため、ここではあえて最新の情報には触れず、各地蔵に固有名称が存在する場合には、『駿河一国百地蔵菩薩御詠歌』に示されたものをそのまま掲載した。ただし、各札所の寺院名や所在地については現行の表記に従った。また、今回は御詠歌の紹介は省略した。調査の結果にもとづく百地蔵の全体像に関しては、数年の間に別に一書を刊行する予定である。

番号	寺院名	宗派	住所	備考
1	医王山　顕光院	曹洞宗	静岡市葵区研屋町四五	開運延命地蔵
2	宝池山　長善寺	時宗	静岡市葵区本通六丁目六―一	厄除地蔵
3	萬吉山　浄元寺	曹洞宗	静岡市葵区本通九丁目二―一二	厄除地蔵
4	瑞岩山　心光院	臨済宗	静岡市駿河区手越二〇三	盗難除地蔵
5	御霊山　高林寺	臨済宗	静岡市駿河区手越三三〇	子育地蔵

6	金剛山　東林寺	曹洞宗	静岡市駿河区向敷地一四四	おはらごもり地蔵
7	小森山　泉秀寺	曹洞宗	静岡市駿河区向敷地九	延命地蔵
8	西向山　明光寺	曹洞宗	静岡市駿河区寺田六一	虫除地蔵
9	富向山　小野寺	真言宗	静岡市駿河区丸子三八七七	
10	佐渡地蔵堂		静岡市駿河区丸子一丁目一〇	子授地蔵
11	細工所地蔵堂		静岡市駿河区丸子六丁目一三	
12	九淵山　龍国寺	曹洞宗	静岡市駿河区北丸子二丁目二七―二三	瀧見地蔵
13	いざり地蔵堂		静岡市駿河区丸子七丁目一一	いざり地蔵
14	大鑪山　誓願寺	臨済宗	静岡市駿河区丸子五六六五	
15	宇津山　慶龍寺	曹洞宗	静岡市駿河区宇津ノ谷七二九―一	延命地蔵
16	坂下地蔵堂		岡部町坂下	延命地蔵
17	瑠璃山　光泰寺	曹洞宗	岡部町内谷四二四	本尊
18	瑠璃光山　芙蓉庵	曹洞宗	岡部町宮島一四四八	
19	笹川地蔵堂		岡部町新船笹川	十四地蔵

20	西了山　慈眼寺	曹洞宗	藤枝市横内一七九	抱地蔵
21	普門山　観音寺	曹洞宗	藤枝市下当間四	
22	牛頭山　向善寺	曹洞宗	藤枝市天王町一丁目五ー三〇	延命地蔵
23	妙高山　六角庵	曹洞宗	藤枝市天王町二丁目七ー四一	子育地蔵
24	暁居山　満蔵寺	曹洞宗	藤枝市稲川一丁目三ー一四	延命地蔵
25	長古山　延命寺	曹洞宗	藤枝市内瀬戸六四六	延命地蔵
26	鏡池堂		藤枝市瀬戸新屋四	延命地蔵
27	旗指地蔵堂		島田市旗指	恐山地蔵
28	延命山　関川庵	曹洞宗	島田市河原二丁目一一ー二〇	吉三地蔵
29	宝城山　海蔵寺	時宗	焼津市東小川六丁目三ー三五	
30	下小田地蔵堂		焼津市下小田	子育地蔵
31	金米山　宝台院	浄土宗	静岡市葵区常盤町二丁目一三ー二	
32	徳雲山　崇福寺	臨済宗	静岡市駿河区稲川一丁目三ー一七	
33	栽松山　神龍院	臨済宗	静岡市駿河区八幡五丁目三一ー一五	

34	向富山　金剛寺	曹洞宗	静岡市駿河区有東一丁目一五—一一	
35	佛国山　法蔵寺	曹洞宗	静岡市駿河区曲金二丁目七—三三	
36	君谷山　長泉寺	曹洞宗	静岡市葵区宮前町四七	
37	音羽山　清水寺	真言宗	静岡市葵区音羽町二七—八	
38	天叟山　元長寺	曹洞宗	静岡市葵区瓦場町一五一	
39	横田町地蔵堂		静岡市葵区横田町一二—一三	
40	専照山　円光院	浄土宗	静岡市葵区北一六六一—一	
41	龍華山　安南寺	臨済宗	静岡市葵区沓谷一三四四—九	延命地蔵
42	玉桂山　華陽院	浄土宗	静岡市葵区鷹匠二丁目二四—一八	
43	金剛山　宝泰寺	臨済宗	静岡市葵区伝馬町一二—二	子育地蔵
44	遍照山　新光明寺	浄土宗	静岡市葵区足久保口組二〇四〇—二	
45	鷺宮山　法伝寺	浄土宗	静岡市駿河区小鹿一六一〇—三	
46	水落町地蔵堂		静岡市葵区水落町	厄難除地蔵
47	大用山　来迎院	浄土宗	静岡市葵区横内町一〇二	

48	大森山　長源院	曹洞宗	静岡市葵区沓谷一丁目二四—一	
49	瑞光山　天昌寺	曹洞宗	静岡市葵区上足洗四丁目九—四五	厄除地蔵
50	龍頭山　国分寺	真言宗	静岡市葵区長谷町一〇	経読地蔵
51	大龍山　臨済寺	臨済宗	静岡市葵区大岩町七—一	
52	華屋山　富春院	臨済宗	静岡市葵区大岩本町二六—二三	
53	瑞泉山　松源寺	臨済宗	静岡市葵区大岩本町二六—一	
54	城久山　安西寺	時宗	静岡市葵区丸山町二三	日限地蔵
55	旧御器屋町地蔵堂		静岡市葵区西草深町	子安地蔵
56	安養山　西蔵寺	臨済宗	静岡市葵区片羽町七九	
57	井宮山　松樹院	浄土宗	静岡市葵区井宮町二四八	
58	玉井山　長栄寺	曹洞宗	静岡市葵区籠上二四—一	
59	福寿山　大林寺	曹洞宗	静岡市葵区安西四丁目九三	
60	安西五丁目地蔵堂		静岡市葵区安西五丁目一一五	
61	寿富山　玄忠寺	浄土宗	静岡市葵区大鋸町八—一	日限地蔵

62	二尊山　善然寺	浄土宗	静岡市葵区新通一丁目二－三一	
63	法雲山　興禅寺	臨済宗	静岡市葵区弥勒二丁目一－二二	子育地蔵
64	鳳台山　少林寺	臨済宗	静岡市葵区沓谷一三四四－七	延命地蔵
65	正覚山　菩提樹院	臨済宗	静岡市葵区沓谷一三四四－四	延命地蔵
66	勝地山　新善光寺	時宗	静岡市葵区沓谷一三二二－一六	
67	萬嶽山　松龍院	臨済宗	静岡市葵区沓谷一三二二－一九	
68	聖色山　円福寺	曹洞宗	静岡市駿河区聖一色四四三－一	
69	上原地蔵堂		静岡市清水区上原一丁目五－三〇	
70	狐ケ崎地蔵堂		静岡市清水区馬走北六	身代地蔵
71	吉田山　桃原寺	曹洞宗	静岡市駿河区国吉田六丁目一〇－八七	護国地蔵
72	円通山　大慈悲院	曹洞宗	静岡市駿河区池田一七七三－一	
73	補陀山　楞厳院	曹洞宗	静岡市清水区今泉九三	
74	普門山　玉泉寺	曹洞宗	静岡市清水区船越町三六九	子安地蔵
75	久光山　寿昌寺	臨済宗	静岡市清水区宮加三五九九	

76	幽香山　梅蔭寺	臨済宗	静岡市清水区南岡町三―八	
77	瑞陽山　東泉寺	臨済宗	静岡市清水区追分二丁目一二―一	
78	油木地蔵堂		静岡市清水区淡島町三―三	
79	紫雲山　法岸寺	浄土宗	静岡市清水区入江南町三―三三	
80	月華山　珠林寺	臨済宗	静岡市清水区渋川五四四	
81	汲江山　法雲寺	臨済宗	静岡市清水区江尻町八―七	
82	嶺水山　真如寺	曹洞宗	静岡市清水区袖師町三五九	岩船地蔵
83	瑠璃山　龍興寺	曹洞宗	静岡市清水区興津中町二二四	
84	巨鼇山　清見寺	臨済宗	静岡市清水区興津清見寺町四一八	
85	薩埵山　東勝院	真言宗	静岡市清水区興津井上町七九六	
86	観音山　海岸寺	曹洞宗	静岡市清水区興津東町一三三〇	
87	金谷山　桃源寺	臨済宗	由比町町屋原一〇五―八	
88	関口山　霊光院	臨済宗	静岡市清水区蒲原堰沢六五七	
89	道場山　泉竜寺	曹洞宗	静岡市清水区蒲原新田二丁目一七―二	

90	浄巌山　宗清寺	曹洞宗	富士川町中之郷三七六二	
91	青陽山　陽徳寺	臨済宗	富士市吉原一丁目四—三〇	身代地蔵
92	鵠林山　松蔭寺	白隠宗	沼津市原一二八	
93	得萬山　清梵寺	臨済宗	沼津市大塚二七八	
94	安養山　蓮光院	臨済宗	沼津市三芳町一—二三	延命地蔵
95	稲久山　長谷寺	時宗	沼津市千本緑町一—五	日限地蔵
96	君沢山　蓮馨寺	浄土宗	三島市広小路町一—三九	日限地蔵
97	高源山　西福寺	時宗	三島市大宮町一丁目八—五八	成就地蔵
98	東向山　田福寺	時宗	三島市谷田一六六五—一	子安地蔵
99	小菊堂		三島市東本町一丁目一三	言成地蔵
100	南朝山　光安寺	時宗	三島市日の出町六—三	鼻取地蔵
番外1	補陀洛山　鉄舟寺	臨済宗	静岡市清水区村松二一八八	
番外2	高野山大師教会支部		静岡市清水区	日限地蔵

あとがき

近年、全国各地で新しい巡礼コースが制定されている。そうした試みの多くは、純粋に神仏への信仰心の表れというよりも、故郷の歴史と文化を見直し、それによって町おこしを行おうというものであるように思われる。もちろん、それはそれで素晴らしい。

しかし、その反面、一部の有名な巡礼路を除けば、伝統的な多くの巡礼路の存在が忘れ去られようとしている。先人の思いを刻んだ巡礼路を置き去りにして、次々に新しい巡礼コースを生み出したところで、一時的な「町おこし」ブームに終わってしまうだろう。それでは真の意味での文化の再発見と継承にはなり得ない。

そのような思いから、私は昭和時代の初めに制定されて、戦前には隆盛を誇った「駿河一国百地蔵尊」の巡礼路に改めて光を当てたいと考えた。そこで、百地蔵の由来と現況を調査して、一書にまとめることを企てた。当初、この作業は一、二年で終わらせるつもりで始めたが、実際には時間の制約も大きくて、なかなか思うようにはかどらない。調査を始めて既に四年近くを経て、なおも道半ばである。

だが、そうした調査を進める中で、幾つかの地蔵に関しては、実に興味深い縁起や伝説等が伝えられていることに気が付いた。その中でも、特に大きな関心を抱いたのが宇津ノ谷峠の地蔵伝説であった。この伝説の存在は、既に小学生の頃、遠足で宇津ノ谷峠を訪れた時に聞いたことがあった。しかし、改めてその内容に触れてみると、何か奇妙な印象を覚えずにはいられなかった。その最大の理由は本書の「はじめに」でも述べたように、この伝説の中に「野州宇津の宮の山奥」が登場することであった。ここに何か秘密が隠されているのではないだろうか。

幾つかの資料にあたってみても、最初は手掛かりを見つけることができなかった。ところが、インターネットで「素麺地蔵」の検索を行ったところ、一件だけ、栃木県の旧氏家町に「素麺地蔵」を祀った地蔵堂があるという記事を見つけることができた。そこで、早速、栃木県立図書館に「素麺地蔵」に関する資料調査を依頼するとともに、直接旧氏家町に出向き、JR氏家駅前の交番で、著名な地蔵尊の祀られている場所を教わった。そして、ようやく日光山の「素麺地蔵」伝説にたどり着いた時、それが宇津ノ谷峠の伝説とほぼ同じものであることにはいささか驚かされた。そして、ますます宇津ノ谷峠の地蔵伝説の世界に引き込まれ、そこにしばらく籠もることになったのである。

それにしても、この地蔵伝説の世界は、私にとって実に不思議なところだった。伝説に導かれて初めて日光山を訪れ、それまで知らなかった強飯式と出会い、普段は見たこともなかった歌舞伎の台本に目を通し、さらには素麺や高盛飯の由来を訪ねて食文化の資料を渉猟した。また、非常に限られた歴史資料にもとづいて伝説の発祥や伝播の時期を推測し、その伝説の誕生に関わった人々の祈りに思いを馳せた。もとより、このいずれの分野に関しても、専門的な知識を持ち合わせていない者の仕事である。多分に見当違いの考察も含まれているかもしれない。その点は、読者の方々のご指摘やご批判を仰ぎたいと願っている。

とは言え、いろいろな情報をつなぎあわせることで、まがりなりにも一応の結論を導くことができたのではないかとも考えている。そして今、私はこの本とともに、新たに得た様々な知見を手に、宇津ノ谷峠の地蔵伝説の世界から抜け出そうとしている。これもまた、地蔵尊によってもたらされた一つの生まれ清まりであろうか。

本書は、平成十六年に『愛知学院大学禅研究所紀要』三二号に発表した論文「駿河国宇津ノ谷峠の地蔵伝説―「素麺地蔵」の食人鬼退治を中心として―」に加筆修正を施したものである。執筆にあたり、宇津山慶龍寺御住職、加藤泰通師には何度もご面倒をおかけした。本文中では、宇津山慶龍寺、坂下地蔵堂（以上静岡県）、ミュージアム氏家（現さくら市ミュージアム）、日光山輪王寺宝物殿、日光山清滝寺（以上栃木県）、吉井山真福寺（神奈川県）、長久山千手院（石川県）にて伺ったお話を参考にしており、掲載した図版の中には関係各位から掲載許可を頂戴したものが含まれている（詳しくは各図版の説明を参照）。また、栃木県立図書館調査協力課には、日光山の「素麺地蔵」伝説に関する資料調査において懇切なる協力を賜った。さらに、本書の刊行に際しては、企画の段階から静岡新聞社出版部のご協力を賜った。ご協力下さった全ての方々に感謝申し上げて、宇津ノ谷峠の地蔵伝説をめぐる私の旅を終えることにしたい。

平成十九年七月

木村文輝

木村文輝（きむら・ぶんき）
1964年静岡市生まれ。1988年名古屋大学文学部卒。1988年～1989年インド・プーナ大学大学院留学。1995年名古屋大学大学院文学研究科博士後期課程修了、同年名古屋大学より博士（文学）取得。愛知学院短期大学講師、助教授を経て、現在、愛知学院大学教養部准教授。著書に『生死の仏教学』（法藏館、2007）、『宗教と人間』（共著、大東出版社、2002）。その他論文多数。

〒420－0029　静岡市葵区研屋町45番地　顕光院内

宇津ノ谷峠の地蔵伝説―日光から来た素麺地蔵―

静新新書　015

2007年8月25日初版発行

著　者／木村　文輝
発行者／松井　　純
発行所／静岡新聞社
〒422-8033　静岡市駿河区登呂3-1-1
電話　054-284-1666

印刷・製本　図書印刷

・定価はカバーに表示してあります
・落丁本、乱丁本はお取替えいたします

ISBN978-4-7838-0338-6 C1239

静新新書

好評既刊

サッカー静岡事始め	001	830円
今は昔 しずおか懐かし鉄道	002	860円
静岡県 名字の由来	003	1100円
しずおかプロ野球人物誌	004	840円
日本平動物園うちあけ話	005	860円
冠婚葬祭 静岡県の常識	006	840円
実践的「電子カルテ論」	007	830円
富士山の謎と奇談	008	840円
離婚駆け込み寺	009	860円
駿府の大御所 徳川家康	010	1100円
ヤ・キ・ソ・バ・イ・ブ・ル	011	840円
静岡県の雑学「知泉」的しずおか	012	1000円
しずおか 天気の不思議	013	945円
東海地震、生き残るために	014	900円

（価格は税込）